「구미의 역사문화인물」 시리즈는 〈사단법인 여헌학연구회〉가 구미시의 지원을 받아 출간하는 총서입니다.

구미의 역사문화인물 4

단계 하위지, 목숨은 가볍게 의리는 중하게 여긴 사육신

기획 ‖ 사단법인 여헌학연구회
지은이 ‖ 황지원
펴낸이 ‖ 오정혜
펴낸곳 ‖ 예문서원

편집 ‖ 유미희
디자인 ‖ 김세연
인쇄 및 제본 ‖ ㈜ 상지사 P&B

초판 1쇄 ‖ 2016년 12월 26일

주소 ‖ 서울시 성북구 안암로 9길 13
출판등록 ‖ 1993년 1월 7일 (제307-2010-51호)
전화 ‖ 02-925-5913~4 / 팩스 ‖ 02-929-2285
Homepage ‖ http://www.yemoon.com
E-mail ‖ yemoonsw@empas.com

ISBN 978-89-7646-363-0   03900

© 黃志源 2016 Printed in Seoul, Korea

YEMOONSEOWON 13, Anam-ro 9-gil, Seongbuk-Gu Seoul KOREA 136-074
Tel) 02-925-5913~4, Fax) 02-929-2285

값 20,000원

단계 하위지, 목숨은 가볍게 의리는 중하게 여긴 사육신

단계 하위지, 목숨은 가볍게 의리는 중하게 여긴 사육신

황지원 지음

예문서원

'구미의 新문화르네상스'의
밑거름이 되길 기대하며

　　경상북도 서남부에 위치한 구미시龜尾市는 일반 시민들에게 한국 근대화의 중심 도시이자 첨단 IT산업도시로 알려져 있습니다. 하지만 근대화 이전인 전통 시대의 구미시는 신라 불교의 초전지로서 한국 불교문화佛敎文化의 융성을 이끈 중심지였을 뿐만 아니라 고려와 조선시대를 거치면서 한국 유학의 중심으로서 수많은 유현儒賢들을 배출한 유서 깊은 영남 문화의 중심지였습니다. 그래서 『택리지擇里志』의 저자 이중환李重煥은 "전해 오는 말에 '조선 인재의 반은 영남에 있고, 영남 인재의 반은 일선一善, 즉 구미에 있다' 고 한다" 며 구미지역이 영남을 넘어 우리나라 인재의 부고府庫이자 정신문화精神文化의 산실임을 확인하였습니다.

　　전통은 오래된 미래라고 합니다. 과거 우리 선조들이 이룩한 문화 전통은 오늘의 우리를 만든 밑거름이자 새로운 미래를 기약하는 비전입니다. 따라서 21세기 세계 속의 명품도시로 거듭나기 위해 구미시가 추진하고 있는 '위대한 구미, 찬란한 구미'를 열어가기 위한 도전은 그 어떤 것에 앞서 우리 지역의 역사문화 전통에 기반하여야 할 것입니다. 이러한 측면에서 두 번째로 발간되는 이번 「구미의 역사문화인물」 시리즈는 구미시의 역사문화 전통을 재삼 확인하고, 나아가 미래첨단도시이자 역사문화도시로서 구미의 위상을 확립하는 하나의 계기가 될 것이라 생각합니다.

특히 구미지역의 찬란한 문화전통을 수립한 수많은 선조들의 삶과 업적을 현대적 시각에서 재조명하는 이 시리즈는 역사문화도시로서 구미시의 위상을 확립하는 밑거름이 될 것입니다. 그리고 영남을 넘어 우리나라 전체에서 손꼽히는 역사문화도시임에도 불구하고 그동안 산업화의 도시로만 알려져 우리 지역의 역사성이 퇴색되었던 것을 오늘에 되살리고, 새로운 구미시의 미래를 개척하는 소중한 자산으로 이 시리즈가 기여할 것이라 믿어 의심치 않습니다.

이 「구미의 역사문화인물」 시리즈는 본궤도에 오른 지방자치시대를 맞아 42만 구미 시민에게 지역에 대한 자부심과 자긍심을 높이고, 나아가 구미시민으로서의 정체성을 확립하는 하나의 계기가 되어야 할 것입니다. 특히 자라나는 구미지역의 청소년에게 지역의 소중한 문화전통을 올바로 가르치고, 문화적 유산은 물론 윤리적 전통을 계승하게 하여 참다운 지역 시민으로 성장하는 밑거름이 되어야 할 것입니다.

「구미의 역사문화인물」시리즈는 지난 2003년, 한국 유학의 중심 맥락에 위치하는 '여헌학'의 진흥과 '여헌학'을 포함한 한국학의 지속적인 성장을 도모하기 위해 출범한 〈사단법인 여헌학연구회〉가 기획하여 시작하였습니다. 일찍부터 지역의 문화적 전통에 관심을 기울여 온 〈사단법인 여헌학연구회〉는 여헌 선생의 학문적 업적에 대한 현양에만 한정하지 않고, 구미지역의 여러 유현 및 선조들의 업적을 발굴하여 선양하는 데 관심을 가지고 있습니다.

〈사단법인 여헌학연구회〉는 이러한 관심을 현실화하는 「구미의 역사문화인물」시리즈의 두 번째 결실인 경은耕隱 이맹전李孟專 선생과 단계丹溪 하위지河緯地 선생에 대한 평전 형식의 단행본을 통해 선산善山과 인동仁同을 포함하는 구미지역에서 배출한 의미 있는 인물의 행적과 업적이 객관적이면서도 의미 있게 드러나길 기대하고 있습니다. 그리고 이 시리즈를 통해 과거 찬란했던 구미시의 역사문화가 더욱 빛을 발하고, 온전한 평가를 받을 수 있길 희망하고 있습니다. 그리하여 과거와 현재, 그리고 미래가 공존하는 지방자치의 전형으로서 구미시의 위상이 제대로 갖추어지길 기대하고 있습니다.

이러한 기대와 바람을 현실화시키기 위한 우리의 노력이 결실을 맺게 된 데에는 경상북도 구미시의 아낌없는 지원이 큰 힘이 되었습니다. 구미지역의 전통문화자원의 개발에 관심이 많은 남유진 구미시장님의 아낌없는 관심과 지원, 그리고 구미시의 행·재정적 지원이 어우러져 이번 시리즈가 결실을 맺게 된 것입니다. 지면을 빌려 남유진 시장님과 구미시 관계자 여러분께 감사의 인사를 전합니다. 아울러 「구미의 역사문화인물」 시리즈를 기획하고 편찬을 주도하고 있는 〈사단법인 여헌학연구회〉 임원진과 직접 집필을 맡아 수고를 아끼지 않으신 교수님께도 회원들의 정성을 담아 감사를 드립니다.

이 시리즈를 비롯하여 〈사단법인 여헌학연구회〉에서 추진하는 오늘의 작은 노력이 향후 위대한 성취로 이어지길 기원합니다. 그리고 이 시리즈를 비롯하여 〈사단법인 여헌학연구회〉의 사업들이 '구미의 문화르네상스'를 열어 가는 밑거름이 되길 기대합니다. 감사합니다.

2016. 12.
사단법인 여헌학연구회 이사장
교육학 박사 장이권

지역발전을 선도할
'구미학' 수립을 기대하며

영남嶺南의 중심 도시이자 한국 산업화의 메카로 손꼽히는 우리 구미시龜尾市는 자연自然과 인간人間, 전통傳統과 미래未來가 어우러진 '풍요豐饒의 땅'으로 알려져 왔습니다. 영남 팔경八景의 하나이자 수많은 전설을 품고 있는 금오산金烏山을 위시하여 천생산天生山과 태조산太祖山 등이 병풍처럼 도시를 감싸 안고, 도심都心을 관류하는 영남의 젖줄 낙동강洛東江이 드넓게 펼쳐진 들판에 풍요로움을 더하는 구미의 자연환경은 일찍부터 우리 고장을 사람 살기 좋은 고장으로 만드는 밑거름이 되었습니다.

천혜의 자연환경을 밑거름으로 우리 고장 출신의 선조들은 일찍부터 지역의 정체성 수립은 물론이거니와 우리나라 문화와 역사 발전을 위해 뚜렷한 성취를 이루어 냈습니다. 특히 유교문화를 비롯하여 다양한 방면에서 이루어진 지역 내 선조들의 성취는 우리 지역이 영남문화의 중심지, 나아가 정신문화의 메카로 자리 잡는 데 크게 기여하였습니다.

　이러한 우리 지역의 자랑스러운 역사와 문화 전통은 20세기 중반 이후 본격화하는 한국의 근대화 과정에서 우리 지역이 산업화의 메카로 발돋움하는 데 밑거름이 되었다고 하겠습니다. 그리고 세계화시대가 본격화하고 무한경쟁시대에 접어든 오늘날에도 우리 지역의 역사문화 전통은 경쟁력 있는 우리 지역의 새로운 미래를 창조하는 기반으로서 그 역할을 다할 것이라 믿어 의심치 않습니다.

　우리 구미의 자랑스러운 역사와 문화 전통에 대한 지역민의 관심은 그동안 간헐적으로 제기되어 왔습니다. 1990년대 이후 본격화한 지방자치가 보다 성숙되면서 지역민의 지역에 대한 관심은 더욱 확대되고 있으며, 이러한 과정에서 특히 우리 지역의 역사와 문화 전통에 대한 관심은 더욱 확장되고 있습니다. 하지만 우리 지역의 역사적 전통에 대한 지역민의 관심이 증가하고 있지만, 그 관심을 체계적으로 수용하는 데에는 일정 정도 한계점을 보여 왔던 것이 저간의 사정이기도 합니다. 물론 지역의 역사적 전통을 정리하고 체계화하려는 시도가 없었던 것은 아니지만, 타 지역을 뛰어넘는 구체적이면서도 뚜렷한 성취는 이루어내지 못한 것도 또한 사실입니다.

　이러한 그간의 사정에 비추어 〈사단법인 여헌학연구회〉가 미약하지만 구미시의 지원을 받아 「구미의 역사문화인물」 시리즈를 본격적으로 발간하기 시작한 것은 특기할 만한 성취의 첫 걸음이라 평가할 수 있을 것입니다. 더구나 구미시의 제안이 아니라 〈사단법인 여헌학연구회〉가 자발적으로 지역의 역사적 전통에 관심을 두고 지역 문화 및 지역의 정체성을 확립하기 위해 여러 사업을 본격화하였다는 사실은 향후 시의 지속적인 행정적 재정적 지원만 이루어진다면 지역학으로서 '구미학龜尾學'의 정립에 크게 기여할 수 있을 것으로 기대된다는 점에서 더욱 주목된다고 하겠습니다.

그동안 구체적으로 밝히지는 못하였지만, 구미시의 운영을 책임지는 자리에 있으면서 본인은 여러 가지 주요 사안들을 추진하면서 미처 관심을 쏟지 못하였던 '구미학'의 구체화에 관심을 가지고 있습니다. '구미학'은 선산과 인동을 포함하는 우리 지역의 뿌리와 특성을 찾아내어 우리 지역의 정체성을 정립하고, 이를 지역민이 공유하며, 구미지역의 지속적인 발전의 기반으로 삼는 유무형의 자산을 체계화하는 것입니다. 1993년 서울지역에서 '서울학'의 정립을 본격적으로 시작한 이래, 크고 작은 지방자치단체가 해당 지역을 대상으로 하는 지역학 정립에 힘을 쏟고 있습니다. 우리 구미도 지방자치의 성숙에 발맞추어 지역민의 통합과 지역 발전의 밑거름으로서 '구미학'의 구체화가 필요하며, 이러한 점에서 〈사단법인 여헌학연구회〉가 기획한 「구미의 역사문화인물」 시리즈 발간은 그 의미가 작지 않다고 할 것입니다.

우리 구미시는 대한민국의 미래 성장 동력으로 기능할 첨단 산업단지와 더불어 날로 발전하는 정주여건을 바탕으로 머지않은 장래에 '인구 50만 시대'를 기대하고 있습니다. 더불어 세계 속의 명품도시 구미를 만들기 위한 '구미 르네상스시대' 개척에도 시민과 더불어 심혈을 기울이고 있습니다. 이러한 구미시의 위대한 도정道程에 〈사단법인 여헌학연구회〉가 발간을 주도한 「구미의 역사문화인물」 시리즈는 시 발전의 또 다른 밑거름이 될 것입니다. 지면을 빌려 장이권 이사장님을 비롯한 관계자 여러분의 노고에 깊이 감사드리며, 앞으로도 이 시리즈가 더욱 발전할 수 있도록 행·재정적 지원을 아끼지 않을 것을 약속드립니다. 아울러 여러 가지로 바쁜 가운데에도 집필을 맡아주신 필진 교수님들께도 감사의 인사를 전합니다.

　　꿈과 비전, 그리고 무한한 가능성을 바탕으로 21세기를 선도하는 세계 속의 명품도시 구미시에 보내 주신 성원에 감사드리며, 이 시리즈가 더욱 번성하길 기원합니다. 감사합니다.

2016. 12.
구미시장
남유진

여름이야 본래 더운 계절이기는 하지만 특히 올해 여름은 유
난히 뜨거웠다. 연일 최고기온을 경신하며 사람들의 숨통을 조
여 왔고, 밤낮으로 돌아가는 에어컨 소리를 들으며 고달픈 민초
들은 누진세로 인한 전기요금 폭탄을 맞지 않을까 두려움에 떨었
다. 그렇게 뜨거웠던 여름날의 전부를 나는 이글거리는 태양만
큼이나 열정을 다해 살았던 한 사람의 생애와 씨름하며 보내느라
오히려 더위를 잊고 지냈으니, 오히려 다행이라면 다행일 수도
있겠다.

하위지에 대한 평전을 서술하면서 가장 어려웠던 것은 역시
나 자료의 제한이었다. 삼족을 멸하는 역모의 주동자로 낙인찍

혀 이름을 언급하는 것조차 조심스러운 상황에서 그와 관련된 직접적인 자료가 남아 있기는 현실적으로 매우 어려운 일이다. 후대에 와서 하위지의 유고遺稿를 묶어 편집한『단계선생유고丹溪先生遺稿』가 있기는 하지만 시문 몇 편과 상소문, 대책문, 세종의 명으로 작성한 교서 등을 모아 놓은 것일 뿐이다. 또 하위지의 행적과 관련하여『추강집秋江集』과『용재총화慵齋叢話』,『송와잡설松窩雜說』등에 부분적인 내용이 남아 있기는 하지만 모두가 전해오는 이야기들을 수록한 것일 뿐이어서 사실적인 근거가 부족하고 단편적인 언급에 그치고 있다. 그 외의「묘갈명」이나「실기實記」,「서원기書院記」역시 유사한 내용이 중복되는 것에 그치고 있다. 다행스러운 것은 정사正史인『조선왕조실록』에 하위지와 관련된 자료와 사건에 대한 기록이 다수 포함되어 있다는 점이다. 그런 까닭에 이 책의 내용 가운데 많은 부분이『실록』의 내용을 정리하는 것으로 채워져 있다. 다만『실록』의 내용을 무조건적으로 수용하기보다는 그 속에 숨겨진 의미와 전후 맥락를 풀어냄으로써 보다 객관적인 이해를 얻고자 노력하였다.

역사란 승자의 관점에서 기록되기 마련이다. 특히나 봉건왕조시대의 역사는 왕권의 정통성과 정당성을 최대한 옹호하는 관점에서 서술될 수밖에 없다. 그러므로『조선왕조실록』의 기록을 액면 그대로의 사실로서만 수용하는 태도는 역사에 대한 편협한 이해를 가지게 한다. 역사를 기록하는 사관들의 입장에서 본다면 없는 사실을 만들어 내는 것은 불가능한 일이겠지만, 경우에 따라서는 의도적으로 사실을 축소·누락하거나 부분적으로 변형하는 것은 충분히 가능할 것이다. 실제로 단종의 양위 과정이나 사육신 사건에 관련된 사람들의 심문 과정 등을 살펴보면 많은 부분이 누락되어 있음을 발견할 수 있고, 또한 사육신에 대한 처벌을 정당화하려는 의도에서 부정적으로 왜곡된 평가가 나타나기도 한다. 그러므로 역사적 사건을 바라볼 때는 기록된 내용뿐만 아니라 여기저기 파편처럼 흩어져 있는 조각들을 건져 내어 연결고리를 재조합함으로써 전체 진행과정을 총체적으로 이해하는 것이 필수적이다. 이런 점에서 역사는 단순히 수용되는 것이 아니라 오히려 적극적으로 해석하는 것이라 할 수 있다.

많은 사람들이 하위지라는 이름을 알고 있다. 그러나 또한 대부분의 사람들은 하위지가 누구인지에 대해서는 전혀 알지 못한다. 그저 사육신의 한 사람으로 단종에 대한 의리를 지키다가 죽은 사람으로만 이해될 뿐이다. 사실 하위지라는 인물을 이해하지 못하면 그가 왜 현실의 지위와 부귀영화를 버리고 스스로 죽음의 길로 걸어갔는지 알 수 없을 것이다. 누구나 하위지를 알지만 그럼에도 지금까지 하위지의 삶이나 사상에 대한 체계적인 정리조차 시도된 적이 없었다는 사실은 우리 사회가 얼마나 결과 중심적인 사고에 치우쳐 있는지를 여실히 보여 주는 하나의 사례일 것이다. 이 책은 하위지가 '단종의 복위를 시도하다가 발각되어 죽었다' 는 결과적 사실에 초점을 맞추기보다는 왜 그런 선택을 할 수밖에 없었는지, 또 그것이 어떤 의미를 지니는지를 살펴보고자 했다.

하위지는 유교의 이념과 가치체계를 철저하게 지키는 삶을 살았다. 일찍이 맹자는 "천하의 가장 넓은 곳(仁)을 거처로 삼고, 천하의 가장 올바른 자리(禮)에 서며, 천하의 대도(義)를 행한다. 뜻을 얻었을 때는 백성과 함께 그 길을 가고, 그렇지 못하면 홀로 그 길을 간다. 돈과 명예도 그를 흔들리게 할 수 없고, 가난과 비천함도 그의 뜻을 바꿀 수 없으며, 권력의 위압으로도 그 의지를 꺾을 수 없다. 이런 사람을 일컬어 대장부大丈夫라고 한다"라고 하였는데, 하위지야말로 이런 대장부의 조건에 부합하는 인물이다. 그는 관직에 등용될 때부터 생의 마지막 순간까지 어떤 권력 앞에서도 스스로의 신념을 굽히지 않는 유학자의 강직한 기상을 온몸으로 보여 준다. 그러면서도 경우에 따라서는 자신의 형이 죄를 지어 유배를 당하게 되자 관직을 버리고 형의 옥바라지를 하고, 또 자신이 대신하여 죄를 받을 것이니 형을 사면해 줄 것을 왕에게 요청하는 등 인간적인 모습을 보이기도 한다. 이 책은 기본적으로 시간의 순서에 따라 서술되었으므로 다소 밋밋하고 평면적이어서 입체적인 생동감을 전해 주기는 어렵겠지만 그래도 이를 통하여 하위지에 대한 이해의 폭을 넓힐 수 있게 되기를 바란다.

이 책이 나오기까지 많은 분들의 도움을 받았다. 우선 학자로서 올바른 방향을 제시해 주고 조언과 격려로써 힘을 북돋아 주시는 홍원식 선생님께 감사드리며, 여러 가지 좋은 자료를 제공해 주신 여헌학연구회 장동만 박사님께도 감사드린다. 필자의 사정으로 시간이 촉박하였음에도 불구하고 부족한 원고를 꼼꼼하게 살펴보고 작은 부분까지 세심하게 신경 써 주신 예문서원의 담당자분께도 이 자리를 빌려 감사의 마음을 전한다. 내 삶을 지탱해 주는 벼리, 바쁘다는 핑계로 제대로 보살펴 주지도 못했음에도 어느 순간 불쑥 성장하여 밝게 웃어 주는 딸 연지에게 미안하고 고맙다. 하루하루 자신의 앞길을 슬기롭게 개척하고, 누구보다 자신의 삶을 사랑하게 되기를 바란다.

보현산 소담재에서
황지원

차례

제1장 하위지의 생애와 사상

1. 어린 시절:
출생(1412)~과거급제(1438)

하위지河緯地(1412~1456)의 자는 천장天章 또는 중장仲章이고, 호는 단계丹溪, 적촌赤村, 은와당隱臥堂(臥隱堂으로 표기된 곳도 있음)으로, 조선 태종 12년(1412, 壬辰) 경상도 선산부善山府 영봉리迎鳳里에서 네 형제 중 둘째로 태어났다.

영봉리는 지금의 구미시 선산읍 이문리와 노상리, 완전리 일대를 말하는데, 조선시대의 대표적인 인재향으로 꼽히는 곳이다. 이 마을에서만 과거급제자가 15명이나 배출되었고, 이 중 장원급제가 7명, 부장원이 2명에 이른다. 이 때문에 영봉리는 장원방壯元坊으로 불리기도 하였다. 이중환이『택리지』에서 "조선 인재의 반은 영남에 있고, 영남 인재의 반은 선산에 있다"라고 한 유명한 언급은 바로 이 영봉리를 중심으로 나온 것이다.

하위지의 본관은 진양晉陽으로, 경상남도 진주 일원에서 대를 이어 정착한 집안이다. 부친은 하담河澹이고, 조부는 하지백河之伯, 증조부는 하윤河胤이다. 언제부터 선산에 터를 잡게 되었는지는 분명하지 않지만, 고려 때 관직을 지냈다가 낙향하여 진주에서 세거하고 있던 조부가 야은冶隱 길재吉再(1353~1419)의 문하에 아들인 하담을 수학하도록 보냈고, 또 영봉리에 살고 있던 유면俞勉(?~1419)의 딸과 혼인시킴으로써 자연스럽게 처가 인근에 정착하게 된 것으로 보인다.

하담은 길재의 문하에서 충실하게 공부하였고, 강호江湖 김숙자金叔滋(1389~1456)와 도의道義로 친교를 맺었다고 하는데, 현재 남아 있는 구체적인 자료는 없으나 학문적 성향 등을 볼 때 충분히 가능한 일이었을 것이다. 하담은 태종 2년(1402) 임오壬午 식년시式年試에 부장원으로 문과에 급제하였다. 특이한 것은 그의 장인 유면이 3년 후인 태종 5년(1405)에 문과에 장원급제한 사실이다. 순서가 바뀌기는 했지만, 사위가 먼저 급제하고 뒤이어 장인이 급제하는 경사가 한 집에서 생겼던 것이다.

이후 하담은 사헌부감찰司憲府監察(정6품), 영산감무靈山監務, 제주판관濟州判官(종5품), 공조정랑工曹正郎(정5품), 경상도주전별감慶尙道鑄錢別監 등을 거쳐 세종 9년(1427) 지청송군사知靑松郡事에 임명되었다. 그런데 청송은 세종의 정비인 소헌왕후昭憲王后 심씨沈

氏의 본향이어서 세종이 평소 관심을 크게 두고 있던 지역이었다. 아무나 보낼 수 없어, 천성이 충실하고 효심이 지극하며 절개가 굳기로 이름난 하담을 택한 것이었다. 세종은 2월 6일 하담과 함께 양천현령陽川縣令 남양덕南陽德이 임지로 떠나는 인사를 올리자 친히 이들을 불러 이렇게 당부했다.

> 수령은 나가서 백 리나 되는 영역을 다스리니 그 소임이 결코
> 가볍지 않다. 내가 친히 불러 보고 임명하여 보내는 것 또한 그
> 런 까닭이다. 경상도 벼농사가 풍년이라 하나 충실치 못하고,
> 양천은 농사를 망쳤다고 하니 내가 심히 걱정스럽다. 그대들
> 은 마음을 다하여 나의 지극한 뜻을 본받도록 하라.

세종은 또 백성을 살피는 일 외에 청송에서 해야 할 일들을 조목조목 일러주었다. 왕권안정을 위해 태종에 의해 아버지 심온沈溫(1375~1418)을 비롯해 인척들까지 희생당해야 했던 소헌왕후에게 항상 미안한 마음이었던 세종이 아내의 본향에 무엇이든 해 주고 싶었던 것이다. 하담은 청송에 부임한 후 세종의 명에 따라 찬경루讚慶樓와 만세루萬歲樓, 운봉관雲鳳館 건립에 심혈을 기울였다. 이처럼 세종의 명을 성실히 이행한 하담은 지청송군사로서의 소임을 다하고 세종 11년(1429) 6월 청송을 떠났다.

지청송군사를 지낸 이후로는 어디에서도 하담에 관한 기록

이 없다. 하위지가 부친을 일찍 여의었다고 말하는 것을 보면 하
담은 바로 이 직후에 사망한 것으로 보인다. 하담은 부인 기계유
씨杞溪兪氏와의 슬하에 사형제를 두었는데, 첫째가 강지綱地, 둘째
가 위지緯地, 셋째가 기지紀地, 그리고 넷째가 소지紹地이다. 이들
4형제 모두 총명하고 효성이 지극하여 주위 사람들의 칭송이 자
자하였으니 선산에 정착한 지 얼마 지나지 않아 벌써 명문가로서
의 기반을 다지게 되었다.

　　이해(1429) 4월 11일에 하위지의 형 하강지가 기유己酉 식년

시에서 문과에 급제하였다. 이처럼 집안에 길흉이 교차한 해 하위지의 나이는 아직 18세에 불과하였으며, 아우 기지와 함께 독서에 골몰하던 시기였다. 마을 앞을 흐르는 시내를 단계丹溪라 하는데, 하위지가 태어난 후 3일 동안 붉은 물이 흘러내렸다 해서 붙은 이름이라는 설도 있다. 이 시내는 김천에서 흘러오는 감천甘川과 합류하여 낙동강으로 흘러드는데, 이 시냇가 서쪽 편에 서재書齋를 지어 놓고 어려서부터 형제들이 함께 문을 닫고 독서에 열중하였다. 하위지가 자신의 호를 단계라 한 것도 이때의 마음을 잃어버리지 않고 항상 간직하기 위해서였을 것이다.

전하는 말에 따르면 어찌나 공부에만 몰두하였는지 바깥출입을 전혀 하지 않아서 동네 사람들이 형제들의 얼굴을 볼 수 없을 정도였다고 한다. 하위지의 어린 시절에 대해서는 구체적으로 알려진 것이 없으며, 다만 평소 말수가 적고 어른들을 대할 때 매우 공손한 태도를 보였다는 정도만 남아 있다. 이처럼 공부에 열중한 덕분에 하위지는 24세 때인 세종 17년(1435) 을유乙酉 생원시生員試에 2등 17인으로 합격하였고, 27세 때인 세종 20년(1438) 무오戊午 식년시에 문과 을과乙科 3인 중 1등으로 장원급제의 영광을 얻게 된다. 뿐만 아니라 동생 하기지 역시 병과丙科 7인 중 1인으로 급제함으로써 형제가 동방同榜으로 문과에 급제하는 집안의 큰 경사를 맞이하게 된다. 흥미로운 것은 이때의 과거에서 성삼문成三問(1418~1456)은 정과丁科 23인 중 1인으로 급제하고, 신숙주申叔舟(1417~1475)는 감시監試 진사進士 제1인으로 소과에 급제하였다는 사실이다. 특히 신숙주의 부친 신장申檣과 하위지의 부친 하담은 태종 2년(1402) 과거에 동방 급제한 사이였으니, 부자간에 대를 이어 인연을 맺게 되었다.

4월 11일 세종이 친람한 전시殿試에서 하위지가 장원으로 급제할 당시의 대책문이 『단계선생유고丹溪先生遺稿』에 전하는데, 세종이 직접 물어본 내용은 다음과 같다.

왕이 이렇게 물으셨다.

제왕帝王의 정치는 시기에 따라 줄이기도 하고 더하기도 하였다. 이제二帝와 삼왕三王이 줄이고 더한 것은 어떤 일이 있는가? 한나라와 당나라 이후로 줄이고 더한 일 중에는 어떤 것이 취할 만한가?

대저 전답을 두고 백성을 두는 것은 염치를 기르기 위한 것이다. 우리 동방에 노비奴婢가 있게 된 것은 어느 시대부터 비롯되었는가? 지금 사대부의 가정에 노비가 있기 때문에 처자妻子는 천한 일을 하는 수고로움을 면할 수가 있고, 상하가 존비의 구분이 있어 예법과 풍속을 이루고 있으니, 세도世道에 관계되는 것이 지극하다 하겠다. 그러나 노비도 역시 하늘이 내린 백성인데 대대로 천한 노역만 하는 것이 옳은 일인가? 그 수가 많은 경우는 수천 혹은 수백에 이르는데, 이것을 한정할 수는

없겠는가? 한나라에 노비를 한정한 제도가 있었는데, 자세한
내용을 들을 수 있겠는가?

고려의 전성기에는 법제가 완벽하게 갖추어졌는데, 노비의 수
를 한정한 제도가 없었는가? 어떤 사람은 "노비의 수를 한정하
게 되면, 사람의 귀천이란 시기가 있는 것이고 자손의 많고 적
음도 차이가 있는 데다 노비의 생육과 성쇠盛衰가 같지 않으므
로 마침내 고르지 못하다는 탄식이 있게 될 것이니, 형편상 수
를 한정하기 어렵다"라고 하는데, 어떤 방법으로 처리를 해야
하겠는가?

옛날에는 문관과 무관의 직급에 따라 각각 그 직분에 알맞은
전지田地가 있었는데, 지금의 과전科田은 시임時任과 산직散職
을 따지지 않으니, 어디에서 법을 취한 것인가? 이름을 과전이
라고 하고서 많고 적은 것이 균등하지 않은데, 옛날의 직전제
職田制에 의거하여 그 직무를 대신하는 자가 그에 따른 직전의
수입을 갖는 것이 옳은 일인가? 어떤 사람은 "직전제는 그 직
무를 맡고 있는 자에게 적용해야 한다. 일찍이 공로가 있었으
나 불행하게도 한직을 맡게 되면 식생활에 대한 걱정을 면하
지 못하는 경우가 있다. 심지어 휼양전恤養田과 수신전守信田
도 폐지해서는 안 된다"라고 하니, 장차 어떤 방법으로 조처해
야 하겠는가?

대저 순수巡狩하는 제도는 제왕의 성대한 행사이다. 따라서 순

舜임금은 5년마다 한 번씩 순수하였고, 주나라는 12년마다 한 번씩 순수를 하였다. 이따금씩 하거나, 자주 하거나, 번다하거나, 간략한 것이 동일하지 않은 것은 무슨 이유인가?

사냥을 하는 것은 무예를 강습하는 일이므로 폐지할 수가 없다. 그런데 지금은 비록 5, 6일 동안의 행차만으로도 폐단이 없지 않으니 그 까닭은 무엇인가? 우나라와 주나라의 순수했던 의미를 오늘날 다시 회복할 수 있겠는가?

옛날 제왕들은 수도首都를 하나만 두지 않고 다른 곳에도 두어 서로 왕래하였는데, 그 의도는 무엇인가? 요순시대의 수도에 대하여 자세하게 들을 수 있겠는가? 주나라는 천하를 얻은 후 호경鎬京에 수도를 정하였다가 어찌 또다시 낙읍洛邑으로 옮겼는가? 한나라와 당나라가 아울러 두 개의 도읍을 세운 것은 그 의도가 어디에 있는가?

고려가 이미 송도에 수도를 정했다가 또다시 평양에다 수도를 정하고서 "자손들은 평양을 잊지 말아야 한다"라고 하였으니, 그 의미는 무엇인가? 우리 태조께서는 한양에 수도를 세우고 전적으로 여기에만 뜻을 두고 다른 곳은 생각하지 않았으니, 옛날의 두 곳에 세웠던 의미를 회복하려고 한다면 그 방법은 어떠해야 하겠는가?

의창義倉을 설치한 것은 장차 백성을 구제하기 위함이다. 요즘 가뭄으로 인하여 백성들이 기근에 시달리고 있는데도 의창의 곡식으로 구제해 주지 못하니, 그 까닭은 무엇인가?

주자朱子가 실시한 사창社倉의 제도에 대하여 자세하게 들을 수 있겠는가? 호적이 분명하지 않고, 백성들이 뿔뿔이 흩어져서 사창의 제도를 시행하기 어려운데, 어떻게 하면 주자의 뜻을 다시 실현시켜서 시골 마을에 사창을 건립할 수 있겠는가?

무릇 이 몇 가지는 모두 오늘날 말해 볼 만한 일들이다. 그대들은 옛일을 훤히 알고 오늘의 시사도 잘 알며, 상례常禮를 알고 변통變通할 줄도 아니, 마음을 다하여 대답하라.

아무리 초시初試를 거치고, 수년간 과거를 준비해 온 사람들이라 하더라도 어느 하나 답하기가 만만치 않은 물음이었다. 그러나 하위지는 조금도 주저하지 않고 각 조목마다 자신의 뜻을 일관되게 펼쳐 주위의 탄식을 자아내었고, 결국 장원의 영광을 얻게 되었다. 이 책문에 대해 하위지가 제출한 대책은 다음과 같다.

신이 듣건대, 제왕의 정사는 시기에 따라 다르지만, 제왕의 다스림은 추구하는 도道가 같다고 하였습니다. 시기에 따라 다르기 때문에 줄이고 더하는 것이 같지 않고, 추구하는 도가 같기 때문에 모두가 잘 다스려졌던 것이니, 옛날과 지금의 차이를 분명하게 알아서 그 줄이고 더한 도리를 터득한다면 나라를 다스리는 데에 무슨 문제가 있겠습니까.

삼가 생각건대, 주상 전하께서 신들을 조정으로 불러들여 노비와 과전의 한계와 의창과 사창의 법에 대하여 책문策問하시고 적절한 의견을 진달하게 하시니, 비록 초야에 묻혀 있는 천한 선비이지만 밝은 시대에 중대한 대책을 올리게 되었습니다. 대중의 여론을 널리 받아들이시려는 그 아름다움과 혼란을 미연에 방지하시려는 그 의도는 진실로 삼대三代 이래로 보기 어려운 성덕聖德입니다.

신은 삼가 성책聖策을 읽어 보고, 하문하신 물음에 대하여 다음과 같이 말씀드리겠습니다. 한 시대가 흥한 데에는 반드시 그 시대에 알맞은 제도가 있었습니다. 그러므로 당우唐虞와 삼대三代의 정치는 모두 그 시대로 인하여 줄이기도 하고 더하기도 하여 한 시대의 규모를 이루었던 것입니다. 그러나 그 줄이고 더한 것은 역시 예악과 제도와 문장과 정사의 범위에 불과하였으며, 줄이고 더하는 것도 그 시대에 알맞게 했을 뿐이었습니다. 그 후로 한나라의 큰 줄기가 당나라와 비추어 보면 더 바르고, 또 당나라의 수많은 조목條目은 한나라에 비하면 더 드러났습니다. 그 사이에는 비록 한두 가지 일컬을 만한 것이 있기는 하나, 어찌 오늘날을 위하여 말씀드릴 만한 것이겠습니까. 삼가 생각건대, 주상 전하께서는 하늘이 내리신 성인으로 훌륭한 학문을 이루시어 어렵게 창업하신 조종祖宗을 계승하시고 끝이 없는 큰 복을 이룩하셨으므로, 도는 흡족하고 정사는 다스려져 모두 흠결이 없이 바릅니다. 그런데도 오히려 줄이고 더하는 것이 그 적절함을 얻지 못할까 염려하시니, 이는 곧 (공자께서 말씀하신) "요순도 오히려 부족하게 여겼다"라는 뜻이라 하겠습니다.

신은 삼가 성책을 읽어 보고, 하문하신 물음에 대하여 다음과 같이 말씀드리겠습니다. 하늘이 백성을 내리실 때 비록 양민과 천민의 구분은 없었지만, 윗사람이 아랫사람을 부리는 데에 있어서 반드시 존비尊卑의 차등이 있게 마련입니다. 대개 대부大夫는 걸어서 다닐 수가 없으며, 부인婦人은 외유를 해서는 안 됩니다. 자신이 조정의 반열에 있으면서 처자로 하여금 천한 일을 하게 한다면 어떻게 예의를 바탕으로 하는 풍속을 이룩할 수가 있겠습니까. 그러므로 『주례周禮』에 "죄가 있는 자는 노비로 만들어서 천한 일을 하도록 하였다" 하였으니, 노비법을 만든 것은 유래가 있었던 것입니다.

우리 동방이 기자箕子가 천운天運을 받은 이후로 예의의 아름다움이 천하에 알려지게 된 것은, 중국 법을 적용해서 오랑캐의 풍속을 변화시켜서일 뿐만 아니라, 역시 양천良賤을 구별하고 노예를 두어서 상하의 신분을 정하고, 대부의 가문으로 하여금 모두 존비의 구분이 있도록 하였기 때문입니다. 가주家主와 노비의 제도가 일단 결정되고부터는 주인이 노비 대하기를 마치 임금이 신하를 보듯이 하며, 노비가 주인 섬기기를 마치 신하가 임금을 섬기듯이 하였습니다. 그렇다면 노비가 비록 하늘의 백성이기는 하지만, 진실로 천한 신분을 바꾸어 양민의 신분으로 만들어서 주인과 더불어 대등하게 할 수는 없습니다. 다만 다 같은 선비의 집인데 그 많고 적음에 차이가 있는 것은 개탄스러운 일입니다. 마땅히 한계를 세워서 균등하게 하여, 많고 적음에 지나친 차이가 없게 해야 합니다. 그러나 귀천은 때가 있는 것이고 자손의 많고 적음도 동일하지 않은 데다 노비의 생육과 성쇠가 역시 다르니, 균일하게 하려고 한다면 아마도 끝내 균일해지지 않는 데에 대한 탄식을 면하지 못할 것입니다.

신이 듣건대, "군자는 정치를 할 때에 예전대로 두는 것을 귀하게 여기고, 고치는 것을 신중하게 한다"라고 하였습니다. 이는 새로 만든 법이 완벽하게 좋은 법이 되지 못하면 예전대로 두는 것만 못하기 때문입니다. 한나라는 그 수효를 30명으로 하여 기준을 삼았고, 고려의 전성기에도 역시 인원을 제한한 법이 있었으니, 폐단을 혁신하여 서운함이 없게 하는 것이 마땅한 일이기는 하지만 한갓 분란이 될 문제를 일으켜서 후세에 전할 수 없는 것이라면 그것을 완벽하게 좋은 법이라고 볼 수가 없습니다. 더구나 여러 대 동안 전해 오는 노비를 하루아침에 빼앗아서 남에게 준다면 어찌 보통 사람의 정리로 보았을 때 불만이 없을 수 있겠습니까. 수효를 한정하는 제도는 진실로 다시 복구해서는 안 된다고 봅니다. 신이 생각건대, 노비가 지나치게 많은 사람은 노비가 전혀 없는 집안 친족들에게 나누어 주도록 하여 친친親親의 인仁을 돈독하게 하고, 또 겸병兼倂하는 문을 막아서 노비가 많은 자로 하여금 매매를 핑계로 남에게서 빼앗아 자기 소유로 하는 일이 없게 한다면, 비록 수효를 정하는 법이 없더라도 점차로 균등해질 수 있을 것입니다.

신은 삼가 성책을 읽어 보고, 하문하신 물음에 대하여 다음과 같이 말씀드리겠습니다. 직전법職田法은 수나라와 당나라 때부터 시작되었는데, 관직에 몸담고 있는 내외의 모든 관원들로 하여금 그 부세賦稅의 수입을 받아서 살게 하였으니, 그것은 바로 희름餼廩을 갖추고 염치를 기르기 위한 것입니다. 우리나라의 과전 제도는 관작의 등급에 따라 전지의 많고 적음을 책정하였으며, 관직은 이미 떠났다 하더라도 전지를 환수하지 않으며, 몸은 비록 이미 죽었더라도 오히려 후손에게 물려주게 하였으니, 충신忠信을 행한 자에게 많은 봉록을 내리는 아름다움이 수나라와 당나라의 직전법에 비할 바가 아니었습니다. 이는 곧 벼슬한 자에게 대대로 녹을 준다는 문왕文王의 뜻입니다. 그러나 많고 적은 것이 같지 않고, 이미 받은 자는 혼자서 그 이익을 향유하고 있는 반면에 새로 진출하는 자는 다시 받을 희망이 없으니, 관작官爵은 비록 같으나 전지가 다르고, 명칭은 과전이지만 실지로는 등분이 없으니 그 불균형이 매우 심합니다. 그러나 그것이 어찌 법이 고르지 못한 때문이겠습니까? 오히려 법을 집행하는 자가 고르게 하지 못한 것일 뿐입니다. 직전職田에 관한 법이 비록 균등한 편이기는 하지만 어떤 사람이 말한 것처럼 일찍이 공로가 있었으나 한산한 직책에 있게 되면 부모를 봉양하지 못하는 걱정을 면하지 못하는 경우가 있습니다. 휼양전과 수신전도 폐지해서는 안된다는 데에 대해서는 진실로 그 사람의 말이 옳습니다. 더구나 직전의 제도는 송나라의 함평咸平과 천성天聖 연간에 잠깐 복구하였다가 바로 혁파하는 바람에 마침내 시행되지 않았습니다. 이미 만들어진 법에 따라서 균등하게 지급하는 법을 엄격하게 밝히고, 많은 것은 덜어 내고 적은 것은 더해 주되 관작에 맞추어서 전토田土를 준다면, 전토가 균등해져서 조처하는 것이 합당할 것입니다.

신은 삼가 성책을 읽어 보고, 하문하신 물음에 대하여 다음과 같이 말씀드리겠습니다. 신이 듣건대, 천자가 제후에게 가는 것을 순수巡狩라고 하는데, 순수란 지키는 곳을 순시하는 것으로 제도를 상고하고 풍속을 규찰하여 원근의 실정을 소통시키기 위한 것이라 하였습니다. 당우唐虞시대에는 5년 만에 한 번 순수하고, 주나라 초기에는 12년 만에 한 번씩 순수를 하였는데, 드물게 하기도 하고 자주 하기도 하여 주기의 길고 짧음이 같지 않았던 것은 그 회합會습하고 변통하는 시대상을 관찰하여 시의時宜에 알맞게 하는 과정에서 번다하게 하고 간략하게 하는 차이가 있었던 것이니, 이른바 줄이고 더한 것을 알 수 있다고 한 것이 바로 이것입니다. 하나라 속담에 "우리 임금이 유람하지 않으면 우리가 어떻게 쉬겠으며, 우리 임금이 즐기지 않으면 우리가 어떻게 도움을 받겠는가. 한 번 유람하고 한 번 즐기는 것이 모두 제후의 법이 된다" 하였는데, 그 당시에 임금의 수레에 꽂은 깃발의 아름다움을 보고 모두가 서로 기뻐하였으니, 비록 비용이 많이 들더라도 무슨 원망이 있었겠습니까.

사냥을 하는 예禮는 무예를 강습하기 위한 것이며, 종묘의 제사에 쓸 것을 준비하기 위한 것이므로, 진실로 국가가 존재하는 한 폐지해서는 안 됩니다. 전하께서는 성탕이 축망祝網한 인자함을 가지시고 주나라가 군사를 일으킬 때의 경계警戒를 체득하셔서, 사계절의 사냥을 반드시 백성들이 휴식하는 때를 가려서 하시고, 군대를 사열하면서 일반 군졸들의 애환을 묻기도 하고, 농사의 작황을 살피기도 하셨으니, 이는 바로 경작할 때에 살피고 추수할 때에 살펴서 부족한 것을 도와주는 유람인 것입니다. 그런데도 오히려 5, 6일간의 사냥에 폐단이 있음을 염려하시니, 여기에서 전하께서 백성 보기를 혹시 다치

지나 않을까 염려하는 것처럼 하시는 뜻을 볼 수 있겠습니다. 다만 근년에 수재와 한재가 계속되어 사람과 가축이 피해를 입은 것이 예전과는 다르니, 사냥에 동원되는 군사들에게 드는 비용을 덜어 주신다면 역시 백성을 사랑하고 쓰는 것을 절약하는 한 가지 방법이 될 것입니다.

신은 삼가 성책을 읽어 보고, 하문하신 물음에 대하여 다음과 같이 말씀드리겠습니다. 신이 듣기로 한 나라의 수도란 사방에서 모여드는 곳이므로 국가와 아름다움을 함께하는 곳이라 하였습니다. 그러므로 국가를 수립하고 도읍을 정하는 문제는 성인께서도 중요시하였던 것입니다. 요임금이 평양平陽에 도읍을 정한 것과 순임금이 포판蒲坂에 도읍을 정한 것은 모두 일신상의 사정에 따른 것이 아니라 백성들의 편리를 보아서 옮겼던 것입니다.

주나라가 천하를 얻은 후에 호경鎬京에 도읍을 정했다가 나중에 낙읍洛邑에다 새로운 도읍지를 정한 것은 대개 호경은 왕업王業의 기반을 다진 곳으로서 자손이 마땅히 지켜야 할 곳이며, 낙읍은 천하의 중앙으로 왕으로서 마땅히 살아야 할 곳이었기 때문입니다. 호경에 도읍을 정함으로써 천하의 중심지에 자리를 잡았다는 것을 보였으니, 주나라의 제도가 완벽하고 치밀하기가 이처럼 지극했던 것입니다. 한나라와 당나라 때에는 이미 관중關中에 수도를 세우고, 또 낙양에 동경東京을 설치

하였으니, 아마도 주나라의 한번 갔다가 한번 온 뜻을 따른 듯
합니다.

옛날 고려 때에 이미 개경에 수도를 정하고서 또 평양平壤에
도읍을 정하여 자손들로 하여금 잊지 않게 했던 것은 평양이
단군檀君과 기자箕子의 유허遺墟이므로 그들의 풍습이 남아 있
기 때문이 아니겠습니까. 태조께서 천명을 받던 초기에 도읍
을 한양에 정함으로써 백성들의 훌륭한 임금이 될 수 있는 기
반으로 삼으셨으니, 한양은 배로 물자를 실어 나르는 데 편리
함이 있고 사방으로 통할 수 있는 중심지이면서 산악으로 둘
러싸여 무너뜨릴 수 없는 터전입니다. 그러나 개경은 풍토가
순후하고 인물이 풍성하며, 산천의 아름다움이 동방에서 으뜸
이므로 사람들이 그리워하고 있는 곳입니다. 신이 삼가 생각
건대, 한양은 조종祖宗이 천명의 기반을 마련한 곳이므로 자손
들이 마땅히 공경히 지켜야 하고, 개경은 능묘陵廟가 있는 곳
이므로 역시 국가에서 잊어서는 안 될 것입니다. 신의 생각에
는, 위로 역대의 두 도읍에 관한 제도를 상고하시어 이곳 한양
에 정착하심으로써 만세토록 길이 국가를 이어 나갈 곳으로
삼으시고, 저 개경은 왕래하시면서 순수하거나 여행하는 곳으
로 삼으셔서 선대의 능을 알현하시기도 하고 무예를 강습하기
도 한다면, 개경에 사는 나이든 백성들의 소망을 위로할 수 있
을 것이며, 예전 사람이 두 곳에 도읍을 세웠던 의미를 오늘날

다시 볼 수 있을 것입니다.

신은 삼가 성책을 읽어 보고, 하문하신 물음에 대하여 다음과 같이 말씀드리겠습니다. 신이 듣기로 의창義倉이란 백성들의 목숨과 직결되는 것으로 국가의 근본이 이것에 힘입어 공고할 수 있다고 하였습니다. 현재 의창을 설치한 것이 광범위하지 않은 것은 아니지만, 가뭄을 한번 만나고 나면 고을에 식량이 떨어져 다른 지역에서 곡식을 옮겨 와야 할 걱정이 있게 되는 것은 비축해 놓은 것이 많지 않기 때문입니다. 옛날에는 9년을 경작하면 3년을 먹을 비축분이 있었는데, 지금은 고을을 헤아려 볼 때에 1년치의 비축분조차 없는 고을도 있으니, 능히 급한 것을 구제하여 기근의 근심을 면할 수 있기를 요구한다면 역시 어렵지 않겠습니까?

신이 듣건대, 주자朱子의 사창社倉에 관한 제도는 맨 처음 본곡本穀을 관아에 신청하고서 해마다 이자를 취한 뒤에 그 본곡을 관아에 상환하도록 하고, 장구한 계책을 정립하여 다시는 이식을 수거하지 않음으로써 한 지방의 사람들을 구제하고 아울러 수해나 가뭄으로 인하여 흉년이 들었을 때 서로 구제해 주는 것이라 하였습니다. 이것 역시 어진 군자가 국가를 경영하여 국가를 흥기시키는 일종의 정치로서 백성을 다스리는 자가 마땅히 준수할 일입니다. 어찌 주나라 문공文公 당시에만 행할 수 있었고 오늘날은 행할 수 없는 것이겠습니까? 진실로 주문

공의 마음으로 나의 마음을 삼고 주문공의 법으로 나의 법을 삼아서 적합한 사람을 얻어 일임함으로써 거두어들이고 나누어 주는 것을 여유 있게 한다면, 호적이 명확하지 않다거나 백성들이 떠돌이 생활을 하는 문제에 대하여 우려할 필요가 없게 되어서 사창의 제도를 오늘날 다시 시행할 수 있을 것입니다.

신은 삼가 성책을 읽어 보고, 하문하신 물음에 대하여 다음과 같이 말씀드리겠습니다. 신의 생각에는 무릇 이 몇 가지가 모두 오늘날 행해야 할 일들이지만, 양곡을 비축하는 문제는 더욱 오늘날 서둘러야 할 급무입니다. 그런데 오늘날 공사 간의 비축은 진실로 한심할 정도입니다. 『대학大學』에서는 평천하平天下를 논하면서, 생산하는 자가 많고 소비하는 자가 적으며, 일하는 사람이 빨리 하고 사용하는 사람이 천천히 하는 것을 재산을 증식하는 큰 요체로 삼았습니다. 삼가 바라옵건대 전하께서는 이것을 유념하시어 거듭 신칙해서 놀고먹는 사람이 없게 하소서. 그리하여 백성들로 하여금 모두 그 근본을 힘쓰고 급하지 않은 비용을 없애며 수입을 따져 지출하도록 한다면, 장차 태창太倉의 곡식이 묵어 나는 것을 보게 될 것이며, 비록 9년 또는 7년의 수재나 한재가 들더라도 요임금과 탕임금이 가졌던 걱정을 하지 않아도 될 것입니다.

이렇게만 된다면 위로는 국가의 재정이 부족할 염려가 없고, 아래로는 부모를 봉양하고 자식을 기르는 즐거움이 있게 되어 선정善政이 시행되고 치도가 융성해질 것입니다. 비록 그러나 정政이란 다스리는 데 필요한 도구이며, 도道란 정치를 하는 근본인데, 임금의 한 마음은 또 그 도가 말미암아 나오는 시발점이 됩니다. 도의 큰 근원은 하늘에 근본을 두고 있고, 도의 큰 쓰임은 정치에 나타납니다. 임금이 하늘과 사람의 사이에 위치하고 있으면서 백성으로 하여금 도에 편안하게 할 책임을 맡고 있는 것이니, 예악禮樂과 형정刑政의 득실과 문장과 제도의 손익이 모두 이 한 마음을 보존하느냐 보존하지 못하느냐에 달려 있습니다.

삼가 바라옵건대, 전하께서는 임금 노릇 하는 것을 어렵게 여기는 데 더욱 노력하시고, 보고 듣지 않을 때에 마음을 보존하고 성품을 기르시며, 은미한 데에서 성찰하도록 하소서. 그리하여 천하의 대본을 수립하시고 천하의 대용을 통달하셔서 중화中和의 지극한 공을 이루소서. 그렇게 하면 정치가 모두 정비되고 폐단이 모두 개혁되어 천지의 화육에 참여하여 돕는 다스림을 가만히 앉아서 이룩할 수 있게 될 것이니, 이상의 몇 가지 일에 대하여 어찌 염려하실 것이 있겠습니까? 신은 삼가 질문에 대답을 올립니다.

이 대책對策에서 확인할 수 있는 것처럼 하위지는 기본적으로는 유학의 기본적인 정치 이념에 매우 충실한 태도를 취하고 있으며, 특히 옛날의 제도에 대해 매우 풍부한 이해를 지니고 있었다. 그러면서도 그는 이런 제도나 형식에 얽매이지 않고 현실 상황에 따라 적절하게 운영하는 것이 무엇보다 중요하다는 점을 강조한다. 옛날의 제도란 모두가 백성들의 삶을 편안하게 하고 국가를 안정적으로 운영하려는 의도에서 시행된 것이므로 제도 자체의 옳고 그름을 따지기보다는 그것이 현재의 상황에서 어떤 결과를 만들어 낼 수 있는지에 따라 시행여부를 판단해야 한다는 실용적인 입장을 취하고 있는 것이다.

다른 한편으로 하위지의 급제는 뜻하지 않게 당시 조정에 큰 파랑을 일으키게 된다. 그가 전시殿試에 앞서 근정전에서 치러진 회시會試에서 내놓은 대책문對策文의 내용이 큰 논란거리가 되었던 것이다. 태조가 신덕왕후神德王后 강씨康氏를 위해 건립한 홍천사興天寺 목탑이 기울어져 무너질 상황에 처하게 되자 세종이 왕명으로 이를 대대적으로 수리하도록 하였는데, 시폐時弊를 지적하고 그 대안을 제시하라는 시제試題가 나오자 하위지는 바로 이 불사佛事를 시폐로 문제 삼았던 것이다. 당시 홍천사 보수 작업에는 6백 명의 승군僧軍이 투입되었고, 여기에 방패군防牌軍을 더해 주었으며, 만약 승려로 자원 부역하는 경우 30일이 지나면 도첩度牒을 주고 자기가 먹을 양식을 가지고 올 경우 15일이면 도첩을 주는 특전을 베풀었는데, 이로써 한 달여 만에 공사를 마무리할 수 있게 되었다. 이 과정에서 고려조에서 성행하던 반승飯僧, 즉

승려에게 밥과 음식을 대접하는 습속이 다시 되살아나고, 승려들이 도성 안을 마음대로 활보하는 상황이 벌어졌다. 이에 하위지는 정사正邪의 기준에 따라 불교의 폐습을 척결하고 정학正學인 성리학을 추숭함이 당연한 것이며, 임금의 실정失政이 있을 때는 누구보다도 사헌부司憲府와 사간원司諫院 등 간쟁諫諍을 담당한 대간臺諫들이 충간함으로써 바른길로 이끌어야 함에도 불구하고 이들이 무능하여 이런 폐단이 일어났다고 신랄하게 비판하는 문장을 제출하였다. 『세종실록』에 남아 있는 하위지의 대책문은 다음과 같다.

> 무릇 대간이란 구중九重의 이목耳目이며 백관百官의 승묵繩墨으로서 조정의 중선重選입니다. 그렇기에 임금의 좌우에 서서 임금과 더불어 시비是非를 다투며, 임금이 "행할 만하다"고 하는데도 대간은 "결코 행할 수 없다" 하고, 임금이 "마땅히 죽여야 한다"고 하는데도 대간은 "결코 죽여서는 안 된다"고 하며, 진노震怒에 부딪치면서도 천안天顔에 항거하는 것이니, 그 임무가 또한 무겁지 않겠습니까? 그러므로 이 세상에 태어나서 벼슬을 하지 않는다면 모르거니와, 벼슬을 한다면 반드시 대간이 되어 임금과 가까이하려는 것은 족히 그 말씀을 듣고 계책을 행하게 할 수 있기 때문입니다. 그러나 임무가 중한 자는 책임이 따르는 법이니, 수병繡屏과 금장錦帳 속에 쌓여 전후

에서 옹위해 인도하는 것이 호화롭기는 하나, 말해야 할 때를 만나고 말해야 할 책임을 맡고 있으면서도 정직한 말을 토출吐出하지 않아서 무거운 중망衆望을 저버리게 되면, 비등하는 사론士論에 어찌하겠습니까.

재상 이하 모든 백성에 이르기까지 그 직책을 그르친 자는 대간에게 문책을 받고, 대간으로서 그 직책을 다하지 못한 자는 군자君子로부터 기롱을 받는 법인데, 유사有司의 탄핵은 일시에 그치고 말 것이나 군자의 평론이란 만대萬代를 전하는 것으로서, 이 직책에 처한 자는 마땅히 주야로 두려워하고 면려하여 그 허물을 짓지 않을 것을 생각하며 급히 할 것을 먼저하고 더디 할 일은 뒤에 해야 할 것인데, 저 명예에만 급급한 자는 이익에 급급한 것과 같은 것입니다. 옛날에 언책言責을 맡은 자는 부월斧鉞은 앞에 놓고 정확鼎鑊은 뒤에 두어 어떤 위협 속에서도 자기 일신을 돌아보지 않고서 기탄없이 말하였던 것이니, 어느 겨를에 자격이 적체積滯되어 있다거나 작록爵祿이 오르지 않음을 계교하여 일신의 사모私謀를 운운하겠습니까? 혹자의 말이란 어찌 그다지도 대간을 소홀히 대한단 말입니까. 만약 오래 엄체淹滯되었다 하여 스스로 격려하는 의지도 없다면, 이는 이익과 봉록만을 동경하는 관원일 것입니다. 어찌 더불어 임금을 섬기겠습니까.

바야흐로 지금은 밝으신 임금님과 어진 신하가 서로 만나고 있어, 모든 일이 잘 다스려지고 백관들의 일이 모두 훌륭히 되니 진실로 말할 만한 일이 없습니다. 그러나 타인이 말한다면 말할 만한 일이 없다고 일러도 가할 것이나, 대간으로서도 역시 들어 말할 만한 일이 없다고 이른다면 너무나 무관심한 태도가 아니겠습니까? 제가 처음 서울에 와서 길에서 얻어들으니, 흥천사 중수 공사에 승도僧徒 천여 명이 동원되었고, 자재의 소비가 그 얼마임을 알 수 없으며, 급식에 따른 양곡이 하루 수십 석 이상이 소요되며, 대가大家와 거상巨商들이 속임수와 꾀는 수작을 그대로 믿고 앞을 다투어 미곡·포목 등을 희사하며, 혹시나 절호의 이 기회를 잃을까 두려워한다고 하며, 그 공억供億에 따르는 비용이 실로 만萬을 헤아린다고 합니다. 이는 곧 정사년丁巳年의 구황救荒 당시 한 고을 수만 이재민의 반년 식량에 해당하는 것으로서, 만 명의 군중이 반 년 간이나 연명할 물자를 한낱 무용한 비용에 헛되게 버리는 결과가 되는 것이니, 그 비용이 비록 민간에서 나온다 하더라도 국가의 손실인 것은 마찬가지입니다.

옛날 한나라 문제文帝는 한 누대樓臺의 비용을 아낌으로 해서 양곡 축적에 많은 공효를 거둔 바 있거니와, 이제 각 군의 의창義倉은 저축이 모두 고갈되었고, 전년에 수납한 환상곡도 10분의 2, 3이 되지 않는다 하니, 만약 요堯임금 때처럼 9년의 수해나 탕湯임금 때처럼 7년의 한재와 같은 우환이 발생한다면 장

차 어찌 이를 막겠습니까? 지금이야말로 조정이 재해의 구제
와 흉년에 대비할 시기라고 할 수 있거늘, 어찌하여 큰 공사를
일으켜서 백성에게 손실을 가져온단 말입니까? 석씨釋氏는 옳
은 것 같으나 진실을 어지럽게 하는 해로움이 있으니 여기에
서는 논하지 않겠습니다. 이 공사를 일으킨 것이 국가 계책計
策에 손실이 없는 것이 아닐 터인데, 어전에 나아가 성상의 옷
깃을 끌며 그 폐해를 극구 진달하는 자가 있다는 말을 듣지 못
함은 어찌 공론公論의 아쉬운 바가 아니겠습니까? 옛날 한나라
문공文公은 「쟁신론諍臣論」을 지어 양성陽城을 풍자한 바 있으
며, 구양공歐陽公이 범사간范司諫에게 글을 올린 것 등은 모두
그 간곡한 뜻을 피력한 것입니다. 감히 집사執事의 하문으로
말미암아 허다한 군소리를 개진한 바이오니, 미치광이로만 여
기지는 마시기 바랍니다.(『세종실록』 81권, 20년 4월 12일 乙丑)

당시 과거의 총책임자인 장시관掌試官으로 입시해 있던 영의
정 황희黃喜(1363~1452)와 판예조사判禮曹事 허조許稠(1369~1439)가 이
문장을 칭찬하고서 장원으로 선발하였다. 그러자 사헌부와 사간
원의 대간들이 4월 12일에 "최근 과거에 응시한 생원 하위지가
흥천사 사리각舍利閣 수리의 잘못을 말하면서 대간들이 그 책임
을 다하지 못한 실책에 대해 강력하게 풍자하였는데, 신 등이 스
스로를 돌이켜 보건대 부끄러움이 심하여 더 이상 직임을 더럽히

지 못하겠습니다"라고 하면서 집단으로 사직상소를 올리고 물러나고자 하였다. 세종은 시제試題와 하위지의 대책문을 들이라 하여 읽어 보고는 이렇게 말하였다.

> 대저 과거를 열어 대책을 시험하는 것은 올바른 말을 구하고자 하는 것이다. 지금 하위지가 쓴 대책문은 올바른 일을 기술하고 숨기지 않았으니 수용할 만한 것이다. 또 그가 논변한 것은 간쟁을 담당한 관리의 과실에 대해 일반적으로 논의한 것일 뿐이니 그대들은 어찌하여 이것으로 혐의를 삼고자 하는가. 하물며 이번 흥천사 불탑의 중수는 태조께서 창건하신 것이 세월이 오래되어 기울어 무너지려 하므로 내가 선조를 위해 일으킨 역사이니 진실로 잘못된 일도 아닐 뿐더러 대간들이 이를 말리지 않은 것도 아니다.

세종은 이렇게 대간들을 달래고 다시 직무에 복귀하도록 하였다. 그러자 이번에는 사간원에서 하위지를 장원으로 선발한 영의정 황희를 탄핵하는 상소를 올렸다.

> 신 등이 일찍이 흥천사興天寺 불탑을 중수하는 일에 대해 여러 차례 상소를 통해서나 간언을 통하여 중지할 것을 요청하였으나 모두 윤허를 얻지 못하였습니다. 이는 신 등이 모두 충심을

다하여 간諫하는 정성이 부족한 탓이니 본시 죄책이 있을 것입니다. 하오나 영의정 황희黃喜로 말씀드리면 그 직위가 수상首相으로서 국가와 더불어 기쁨과 슬픔을 함께 하는 입장인데도 불구하고 일찍이 한마디 말도 하지 않다가 고시를 관장하는 날에 이르러서 거생의 대책문을 보고는 이를 포상 찬미하며 장원으로 선발하였습니다. 이는 불탑 중수의 그릇됨을 결코 몰랐던 것이 아니며, 이로 미루어 보건대, 그는 속으로는 그르게 여기면서도 말하지 않았음이 분명합니다. 한 나라의 수상으로서 과연 이렇게 해서 되겠습니까. 청하옵건대, 이를 유사攸司에 내려서 그 연유를 국문하게 하옵소서.

그러자 세종은 크게 노하여 그들을 꾸짖으며 이렇게 말하였다.

내가 불탑의 중수를 명하고서도 거생들이 이를 비판하고 바르게 기술한 말에 대해서는 오히려 옳게 생각하는데, 하물며 과거를 관장하는 시험관이 되어 이 일을 묻는 사람이라면 당연하지 않겠는가. 또 과거라는 것은 본래부터 올바르게 아뢰는 말을 구하고자 하는 것이며, 하위지의 대책문도 역시 그 큰 줄기를 논한 것이니, 황희가 어찌 이를 취하여 상렬上列에 놓지 않을 수 있었겠는가. 영의정 황희를 문책하기를 청하지만 조금도 그렇게 할 뜻이 없다.

이렇게 하위지가 쓴 대책문 사건은 일파만파로 커져 급기야 영의정 황희까지 사직상소를 올리게 하였다. 사태를 수습하기 위해 세종은 영의정을 탄핵한 사간원 관리 중 우사간右司諫 임종선任從善을 좌천시키고 헌납獻納 조자趙孜를 파면함으로써 이 일을 마무리 지었다. 4월 25일 세종은 과거 급제자들에게 은영연恩榮宴을 베풀어 준다. 그리고 다음 날 하위지는 무과 장원 이원손李元孫과 함께 세종의 은혜에 감사하는 전문箋文을 지어 올린다.

특별한 하사를 굽어 내리시니 은총이 과분할 따름이오며, 우러러 큰 은사恩私를 받들어 심정에 감격함이 그지없나이다. 분골쇄신粉骨碎身하여도 갚을 길 없으니, 뼈에 새겨 어찌 잊을 수 있겠습니까? 엎드려 생각하건대 신 등은 다행스럽게도 풍운風雲이 제회際會한 성대盛代를 만나서 외람되이 급제의 영광을 얻기는 하였으나, 신성神聖께옵서 공소空疎 허황虛荒한 무리를 곡진히 살피시어 후히 화려한 작록을 내려주시고, 가까이 불러 잔치를 베푸는 은총을 내리시니, 채화彩花의 선명한 광채는 성덕과 더불어 더욱 새롭고, 선요仙醪의 심원한 향취는 예택睿澤을 따라 함께 광택이 빛나옵니다. 돌이켜 생각하건대, 어찌 천행으로 이러한 영광을 입었겠습니까. 이는 분명 관대하고 어지시며, 또 문무를 함께 갖추어 순임금 같이 성하게 받으시고 탕왕湯王처럼 널리 구하심을 만나서, 이에 쓸모도 없는 작은 인재들을 거두시어 단비와 이슬과 같은 은택을 입게 하시니, 신 등이 어찌 이 무딘 그릇을 갈아 다스리고 둔한 재주에 채찍을 가하여 시종 변하지 않고 문명의 치화治化를 도우며, 조석으로 게으름이 없이 항상 송축과 기도의 정성을 다하지 않을 수 있겠습니까?

어쨌거나 이 사건으로 인해 하위지는 세종을 비롯한 많은 사람들에게 깊은 인상을 남겼다. 그의 탁월한 문장력과 시류와 권력에 흔들리지 않고 당당하게 소신을 피력하는 강직함은 젊은 학자들의 귀감이 되었다. 그런데 이 사건을 통해 우리는 무엇보다 세종 치세의 개방적인 풍토를 새삼 확인할 수 있다. 시폐를 논하는 대책을 묻는 시제에 주저 없이 임금의 실정을 지적하고, 나아가 대간들이 충간의 직책을 다하지 못해서 실정을 바로잡지 못했다고 답하는 하위지의 배포도 대단하지만, 임금의 실정을 꾸짖는 책문을 칭찬하며 장원으로 뽑은 황희나 허조와 같은 장시관들의 공명정대함은 시사하는 바가 매우 크다. 물론 이런 파격이 가능한 근저에는 옳은 말이라면 아무리 불편하고 거슬리는 내용이라도 스스럼없이 인정할 줄 아는 세종이라는 임금이 있었기 때문이었을 것이다. 결국 이 사건은 언로를 적극적으로 열어 두고 권장한 세종과 같은 성군과 아울러 황희와 허조 같은 유능하고 청렴한 재상이 국가를 운영했기 때문에 있을 수 있는 일이었으며, 곧고 강직한 사람들이 당당하게 자신의 말을 다함으로써 조그마한 잘못도 바로잡을 수 있었던 것이다. 또한 이러한 풍토가 있었기에 훗날 단종복위운동에도 수많은 사람들이 함께 참여할 수 있었을 것이다.

하위지 묘소 안내표지판

하위지 묘소 안내석

하위지 의관묘

하위지 묘비석

2. 집현전 학사 시기:
세종 20년(1438)~문종 즉위년(1450)

    세종 20년 4월 17일, 세종은 조정을 발칵 뒤집은 문장으로 장원을 차지한 하위지에게 곧바로 집현전부수찬集賢殿副修撰(종6품)을 제수함으로써 하위지에 대한 기대가 얼마나 큰 지를 보여 준다. 동방급제한 성삼문이 정9품인 집현전정자集賢殿正字에 제수된 것과 비교해 보면 엄청난 차이가 있음을 알 수 있다. 당시 집현전 학사가 된다는 것은 장래가 촉망되는 젊고 유능한 인재임을 확인받는 것이었으며, 무엇보다 명문세족 출신이 아닌 비교적 한미한 집안 출신이었음에도 특별히 발탁되었다는 데 큰 의미가 있다.

    원래 집현전은 왕립학술기관으로서 중국 한나라 때의 백호관白虎觀이나 당나라 때의 영주각瀛州閣, 그리고 송나라 때의 이영

전邇英殿과 동일한 성격의 기관이다. 중국에서 집현전이라는 이름이 처음 나타나기 시작한 것은 당나라 개원開元 12년(724)이고, 직제職制 역시 이 시기에 정비되었다. 그리고 송대에는 집현전集賢殿, 집현원集賢院, 우문전右文殿, 학사원學士院 등의 이름으로 존속하였다. 우리나라에서도 삼국시대에 유사한 제도가 있었던 듯하나 정확한 명칭이나 직제는 알려져 있지 않다. 고려시대에는 보문각寶文閣, 수문전修文殿, 우문관右文館, 진현관進賢館 등이 있었는데, 이들 기관은 직제상으로나 기능상으로 거의 일치하는 모습을 보였다. 편성된 관리는 대제학大提學(대학사), 제학提學(학사), 직제학直提學(직학사) 등이었는데, 이들은 주로 시강侍講을 담당하였다.

조선시대에 이르러 집현전은 정종 때 처음 설치되었으나 곧바로 보문각寶文閣으로 개칭되었다가 유명무실한 기관으로 전락해 버리고 말았다. 이후 세종 2년(1420)에 다시 설치되어 37년 간 왕성한 활동을 하였으나, 세조 2년(1456) 단종복위운동이 실패한 직후에 전격적으로 폐지되고 직무는 예문관藝文館 등에 흡수되었다. 이후에는 성종 대의 홍문관弘文館, 정조대의 규장각奎章閣 등으로 계승, 발전되면서 왕조의 전문학술기관으로서의 명맥을 유지하였다. 이 기관들의 역할은 조선 학술 정치의 특징을 이해하는 근거가 되기도 한다. 집현전의 직제를 간단하게 표로 만들어 보면 다음과 같다.

직명	품계	인원	기타
영전사領殿事	정1품	2인	겸관兼官으로서 명예직
대제학大提學	정2품	2인	학사들과 왕의 갈등조정 역할
제학提學	종2품	2인	
부제학副提學	정3품		
직제학直提學	종3품		
직전直殿	정4품		
응교應敎	종4품	각 1~2인	전임학사傳任學士로서 경
교리校理	정5품	(후에 증원되어 32인까지 확	연관經筵官을 겸함
부교리副校理	종5품	대되었으나, 나중에는 20인	
수찬修撰	정6품	으로 감원)	
부수찬副修撰	종6품		
박사博士	정7품		
저작著作	정8품		
정자正字	정9품		

　　세종조에 설치된 집현전은 인재를 양성하고 문풍을 진작시
키는 것이 주된 목적이었다. 현실적으로는 유교적 사회질서체제
를 구축하는 데 있어 역사적·사상적 기초를 제공함으로써 국정
전 분야에 있어 유교화를 도모할 수 있도록 한 것이다. 집현전의
사업 중에서도 과거 역사를 현실 정치의 교훈으로 삼기 위해 추

진된 사서史書의 편찬·주해 사업은 가장 중요한 것이었다. 그것은 조선의 건국이 천명天命에 의한 것이었다는 당위성을 부여하고, 또한 고조선 이래 우리 민족의 정통성을 계승한 국가임을 강조하기 위한 역사의식의 소산이기 때문이다. 이러한 시대적 요구와 맞물려 세종 스스로도 자신의 호학성好學性을 드러내어 학문을 토론하기 위한 경연 담당 기관으로서 집현전의 설치에 적극적이었다. 이로써 세종 대에 유교사상과 이론이 구체적으로 토론되고, 성리학에 대한 이해가 심화되었으며, 유교의 실천적인 면이 강조되었다.

세종은 문과 급제자 중에서 젊고 유능한 사람들을 선발하여 집현전 학사로 편성하였고, 일단 집현전에 보임되면 다른 관직으로의 이직을 허용하지 않고 학문에만 전념할 수 있도록 하였다. 세종이 여러 차례에 걸쳐 "집현전 학사는 경사經史의 연구와 경연 강의가 가장 주된 임무이며, 나머지는 부차적인 것"이라고 언급한 것이나, 집현전 학사들에게 역사와 문화, 지리, 의약 등 모든 분야에 걸친 서적 편찬을 명한 것에서 그 성격과 역할을 확인할 수 있다.

당시 집현전 학사로 선발되기 위해서는 문과에 급제한 젊은 사람으로 재행才行을 갖추어야 했다. 일반적으로 학자에게 요구되는 기본 조건은 재才·학學·식識의 '삼장지재三長之才'이다. 재는 재능과 문학적 능력을, 학은 경전에 대한 박학함을, 식은 학문적 능력을 바탕으로 한 현실 비판 의식을 말한다. 선발 시에 문과 급제를 기본적으로 요구하였으므로, 학사는 일단 학문이 뛰어나다고 인정할 수 있다. 여기에 연소한 인사로 재행이 있을 것과, 현실의 문제를 직시하여 비판적 대안을 제시할 수 있는 식견의 소유자가 요구되었으므로, 학자로서의 기본 조건과 현실 대응 의식이 뛰어난 비판적인 지식인이었음을 알 수 있다. 특히 비판적인 지식인으로서 명확한 현실 의식을 가졌음은 집현전 학사 출신들이 중심이 되어 단종복위운동을 주도한 것에서 확인할 수 있다.

학사의 선발에 이처럼 신중했을 뿐만 아니라, 만약 결원이 생기면 의정부, 집현전 당상, 이조 당상이 모여 의의천망擬議薦望하여 적합한 사람을 선발하되, 매년 7월과 12월의 도목都目 전에 선발하도록 하였다. 승진은 부제학 이하에 결원이 생기면 바로 하위의 관원이 차례로 승진하는 이차천전以次遷轉의 방식으로 이루어졌는데, 선후를 중히 여기고 손양遜讓을 예로 생각하는 인사 정책이 반영된 것이었다.

유능한 인재들이 선발되었던 만큼 이들에 대한 배려는 파격적이었다. 학사들의 품계를 각 품계의 반두班頭에 두거나, 세종 12년 사헌부에서 집현전 학사들의 상참 시 근면과 태만함을 조사하려고 하자 집현전에 대해서는 그런 일로 번거로이 하지 말라는 전교를 내리기도 하였다. 또 특별히 사가독서賜暇讀書를 허락하여 오직 학문에만 전념할 수 있도록 하였으며, 오직 시강과 경연, 그리고 저술에만 전념할 수 있도록 모든 편의를 제공하였다. 그리고 한 번 집현전 관원에 제수되면 타관으로 전임되는 일이 거의 없고 자체 내 승진만 허용되었다. 따라서 정9품인 정자에 제수된 이후 부제학에 이르기까지 대부분 구임되었다.

이처럼 집현전 학사들을 다른 관청에 전임시키지 않고 구임시킨 것은 세종의 호학성과 더불어 하루빨리 유교적 이념을 정착시켜야 한다는 현실적인 필요성에 기인한다. 세종 스스로도 항상 밤늦게까지 공부하다가 잠자리에 들었고, 궁금한 것이 있으면 직접 집현전을 찾는 일도 잦았다. 이렇게 세종이 수시로 집현전을 찾았기 때문에 당직 학사들은 늦은 시간에도 의관을 정제하였고, 심지어 잠을 잘 경우에도 의관을 벗지 못하였다.

이러한 분위기에 따라 집현전 학사들의 학문은 높아질 수 있었고, 상대적으로 다른 관직으로의 전출이나 정치 현실에 대한 관심은 배제될 수밖에 없었다. 따라서 국가 주도의 각종 편찬 사업 등 학문적인 일에 참여하거나 경연관과 서연관을 겸직하면서 국정에 대한 광범한 자문 역할을 수행하였다.

하위지 등 몇몇 예외적인 경우를 제외하면 집현전 학사들의 출신은 대부분 당대 명문가였다. 이들은 가문의 성세와 격이 비슷한 집안과 중첩적인 혼인관계를 맺고 있었는데, 이런 점에서 집현전 학사는 곧 당대 지배 엘리트 계층으로 유능한 인재 집단이라고 볼 수 있다. 따라서 학사로 선발되기 위해서는 학문과 재

하위지 유허비각

하위지 유허비

능뿐만 아니라 일정한 사회적 지위가 요구되었다. 이런 사실은 조선 초기의 관료제가 철저한 신분제를 바탕으로 하고 있으며, 학사들도 이러한 테두리를 벗어나지 않았음을 반증한다. 그들의 외가나 처가 등도 직계 선조들과 마찬가지로 대부분 당대의 명문가였다.

집현전의 운영과 관련해서는 대략 네 단계로 구분할 수 있다. 1기는 집현전 설치 이후 체제가 정비되는 세종 10년까지이고, 2기는 학술 및 정책 자문 기능의 확대가 이루어진 세종 11년부터 20년까지, 그리고 3기는 학술·문화·사회적으로 왕성한 결과물들이 쏟아져 나오는 세종 21년부터 세종이 승하한 때까지, 마지막 4기는 문종이 즉위한 후부터 집현전이 폐지되는 세조 2년까지인데 이 시기는 정치적 혼란으로 인해 정체성이 위협받고 내부적 갈등이 표출된 때로서 다수의 사람들이 대간臺諫으로 진출하여 점차 언관화言官化되는 특성을 보인다.

세종 대 집현전에서 주관하여 편찬한 각종의 전적典籍들은 조선 초기 유교문화를 진작하고 우리 민족사를 체계화하는 데 큰 바탕이 되었다. 집현전에서 나온 서적들은 우리나라와 중국의 역사서와 율령律令, 유교 및 불교 경전, 유교 윤리, 의례儀禮, 훈민정음訓民正音, 외교 문서, 지리지地理志, 농서農書, 의약서醫藥書 등 거의 모든 분야에 걸쳐 있다. 이러한 집현전 학사들의 고제古制 연구와 고증, 각종 편찬 사업의 결과로, 조선 초기 유교 의례의 확립과 문화적 기틀이 마련되고, 나아가 유교적 정치 이념이 확립될 수 있었다는 사실에는 이론의 여지가 없다. 더욱이 대신의 사직상소 반려나 옛 제도와 사실의 고찰, 성균관의 적임자 파악 등 춘추관春秋館의 일반 업무까지 주관하였던 사실에서 세종 재위기 집현전 학사들의 직무가 어느 정도 광범하고 중차대하였는가를 확인할 수 있다.

위에서도 언급했던 것처럼 조선 전기 명문세족 출신이 아닌 하위지를 발탁하여 집현전에 중임한 것은 매우 큰 의미가 있다. 뿐만 아니라 하위지에 대한 세종의 각별한 관심은 다른 곳에서도 확인할 수 있다. 『세종실록』에 따르면 출사 다음 해인 세종 21년 (1439) 10월 25일 하위지는 병이 심하여 고향에서 요양하고자 사직을 청하는 상소를 올린다. 그러자 세종은 승지를 불러 이렇게 말한다.

> 하위지는 나를 가까이서 보필하는 근신近臣으로 병을 얻어 낫지 않으니 심히 걱정스럽다. 하여 약과 음식을 하사하고 관직을 높여서 요양을 보내고자 하는데 어떠한가?

이에 시립해 있던 우승지右承旨 조서강趙瑞康(?~1444) 등이 이렇게 아뢰었다.

성상께서 가까이 있는 신하를 아끼고 걱정하시는 것은 매우
아름다운 일이기는 하오나, 관직을 높여 주는 것은 실로 근거
가 없는 것이오니, 다만 사직서는 돌려주시고 해당하는 도의
감사를 시켜서 지속적으로 약을 보내어 치료하게 하고, 또 만
일 온천에서 목욕을 하고자 한다면 감사로 하여금 시켜서 후
하게 편의를 제공하도록 하는 것이 옳을 것이옵니다.

그리하여 세종은 약과 음식을 하사하고 경상감사에게 전지
傳旨를 내려 하위지의 질병 치료를 적극적으로 도와주도록 하였
다. 이것은 세종이 하위지를 얼마나 각별하게 생각하고 있었는
지를 단적으로 보여 주는 사례이다. 뿐만 아니라 세종 24년(1442)
에는 집현전의 젊고 총민한 인재들을 선발하여 집중적인 학문 연
마의 기회를 주고자 하위지·성삼문·신숙주·박팽년·이개·
이석형 등에게 사가독서賜暇讀書를 명하였다. 사가독서란 일종의
안식년安息年과 유사한 제도인데, 관직은 그대로 두되 별다른 공
식적인 업무를 맡기지 않고 자신이 원하는 부분에 대해 집중적으
로 공부할 수 있는 기회를 제공하는 것이다. 그리하여 하위지는
이들과 함께 삼각산三角山 진관사津寬寺에서 1년여를 머무르며 학
문에만 전념할 수 있게 되었으며, 이 시기에 틈틈이 동료들과 시
문을 주고받으며 돈독한 관계를 맺고 함께 도의를 다졌다. 이들
은 후일 단종복위에 뜻을 함께하여 주도적인 역할을 담당하게 된

다. 이처럼 신변의 사사로운 일까지도 세세하게 보살펴 주고 학문 연마에 전념할 수 있도록 배려해 주는 세종의 은혜에 하위지를 비롯한 집현전 학사들은 크게 감복하였으며, 자신들의 학문이 올바로 쓰일 수 있도록 임금과 사직을 위해 헌신적인 노력을 다하게 된다.

세종의 배려로 건강을 회복한 하위지는 다음 해(1440) 다시 집현전부수찬에 복직하여 학문 연구에 몰두하는 한편, 자신의 안위를 돌보지 않고 세종에게 충간을 하였다. 『세종실록』 9월 17일 조에는 하위지가 언로言路의 중요성에 대해 올린 장문의 상소가 기록되어 있다.

신이 예전에 들으니 가산賈山이 말하기를, "벼락이 치는 곳에서는 꺾이지 않는 것이 없고, 만균萬鈞의 힘이 누르는 곳에서는 가루가 되지 않는 것이 없는데, 임금의 위엄은 자못 벼락뿐만이 아니고 세력의 무거움은 만균뿐만이 아니니, 간諫하기를 인도하여서 구하려 해도 사람들은 오히려 두려워하여 감히 말을 다하지 못하는데, 벼락으로써 겁나게 하고 눌러서 무겁게 하면, 비록 요堯 · 순舜 같은 지혜와 맹분孟賁 같은 용맹이 있다 하더라도 어찌 꺾이지 않을 사람이 있겠는가. 이렇게 되면 임금은 자신의 허물을 들을 수 없게 되어 사직社稷이 위태로워진다"라고 하였다 합니다. 대개 신하로서 감히 말하는 것은 신하자신의 이익이 아니라 나라의 복인 것입니다. 그러므로 가산의 말이 이와 같이 간절하였으니, 어찌 만세萬世토록 임금이 유념할 바가 아니겠습니까. 신이 옛날의 군왕들을 살펴보건대, 누구나 신하가 충간하는 것을 좋아한다는 미명美名을 듣고자 하였지만 간혹 한순간의 노여움을 참지 못하여 후세에 기롱譏弄을 받은 이들도 있었습니다. 그러나 이것이 어찌 그의 본심이겠습니까? 대개 말을 자주 하면 듣기 싫고, 말이 듣기 싫으면 받아들이기가 어려운 것은 인지상정입니다. 자기 생각과 다르면 기뻐하지 않고, 귀에 거슬리면 기뻐하지 않으며, 숨기는 것을 건드리면 기뻐하지 않는 것입니다. 마음에 기쁘지 않은 것을 억지로 다툴 때에는 스스로 마음이 넓고 커서 천하로써 도량을 삼으며, 악을 숨기고 선을 드러내는 지극함이 아니라면 마음에 개입되는 것이 없을 수 없게 됩니다. 불평하게 여기는 기미가 조금이라도 마음에 뿌리를 내리면 듣기 싫어하는 병통이 갑자기 밖으로 나타나는 것이니, 이것이 예나 지금이나 임금의 공통된 근심입니다.

(옛날 중국의 경우) 넓고 큰 도량을 지닌 한나라 태조太祖 때에도 상국相國 소하蕭何가 백성을 위해 어원御苑을 개방하여 농사를 짓게 하도록 청하다가 갑자기 옥에 갇혔고, 자상하고 화락和樂한 성품을 지닌 광무제光武帝 때에도 급사중給事中 환담桓譚이 참서讖書의 그릇된 것을 극단적으로 말하다가 불측不測

한 죄로 몰려서 죽을 뻔하다가 겨우 석방되었으며, 당나라 태종太宗은 항상 여러 신하들에게 구언求言하기를 목마른 사람이 물을 구하듯이 하였으나, "이 농부(田舍翁)를 죽이라"는 말이 자신의 입에서 나오게 됨을 면치 못하였습니다. 이런 사실이 서책에 적혀 있고, 천년이 지나도록 구실口實이 되어 지금까지 성덕聖德에 누를 끼치게 되었으니, 어찌 애석한 일이 아니겠습니까? 당나라 육지陸贄가 덕종德宗에게 충간하기를, "간하는 자가 많으면 나의 능함을 나타내게 되는데, 간하는 자의 정직함을 좋아하면 나의 능함을 보이는 것이고, 간하는 자가 바른말을 하는 것을 어질게 여기면 나의 능함을 믿는 것이고, 간하는 자가 나의 잘못을 누설하는 것을 용서하면 나의 능함이 드러나는데, 이 중에 한 가지만 있어도 모두 훌륭한 덕이 됩니다. 간하는 자가 일의 실정을 정확하게 꿰뚫어 보지 못하는 경우라 하더라도 임금에게는 아름답지 않음이 없으니, 임금이 이것을 알면 신하가 말이 많을까 걱정하지 않고, 오히려 올바른 말과 실정을 나무라는 논의가 없으면 임금의 아름다움을 천하에 보이지 못할까 두려워할 것입니다"라고 하였습니다. 이런 사례에 비추어 본다면 간하는 자가 말을 잘못했다고 해서 성덕盛德에 해로울 것이 무엇이겠습니까.

신은 마음속에 의혹이 있습니다. 재신宰臣 고약해高若海는 본디 충직한 사람으로 안팎에 알려져 있고, 전하께서도 이미 그의 아름다움을 포상하시고 특별히 서용하여 대신의 지위에 두시었으니, 선비들의 여론도 항상 감탄하고 그의 사람됨을 흠모하였습니다. 그런데 근자에 잘못된 언행으로 인해 파직되어 집에 적거謫居하고 있으니, 이에 대해 논란이 많고, 신도 마음이 불편합니다. 신의 망령된 생각으로는 고약해가 비록 무례하여 죄가 없는 것은 아니나, 대신으로서 잘못된 말로 인해 폐출된 것은 오히려 성덕聖德에 큰 누를 끼치게 되지 않을까 두렵습니다. 성상께서는 다시 생각하시어 조금의 후회도 남기지 말기를 엎드려 바라옵니다. 대저 고약해가 간쟁諫諍한 일이 진실로 긴요한 것도 아니고, 또 그 말한 것도 도의에 어긋남을 면치 못하였는데, 말의 옳고 그름을 살펴보지도 않고 한갓 윤허만 얻고자 하여, 임금의 마음을 거스르고 낯빛을 발끈하여 번거롭게 하였다면, 이것은 진실로 죄가 아닐 수 없고 크게 예를 잃어버린 것이오나, 그 마음에 있어서만큼은 깊이 취할 만한 것이 있습니다. 자로子路가 임금을 섬기는 도리를 물었을 때 공자께서 말씀하시기를, "속이지 말고 범안犯顔할 것이다"라고 하고, 또 이르기를, "임금을 섬김에 있어 범하는 것은 있어도 숨기는 것은 없이 하라" 하였으니, 범안하는 것은 진실로 신하된 자로서의 직분인 것입니다. 자신이 대신의 지위에 있으면서 마음으로는 옳지 못하다고 여기면서 힘껏 말하지 않는 것은 숨기는 것이며, 힘을 다해 말하지 않고 면전에서는 순종

하면서 물러난 다음에 말하는 것은 속이는 것이니, 임금의 잘
못을 숨기고 속이는 것은 오히려 죄가 매우 큰 것입니다. 육 년
의 임기가 옳은지 아닌지에 대해서는 신이 알지 못하므로 따
로 드릴 말씀이 없으나, 고약해의 생각으로는 매우 불가하다
고 여겼던 까닭에 힘껏 말하지 않을 수 없었던 것입니다. 의심
하면 반드시 말하고, 말하면 반드시 우직하여 속이지 않고 숨
기지 않아 범안할 뿐이니, 옛날 강직한 신하의 기풍이 있다고
할 것입니다. 비록 그 마음속에 치우치게 고집하는 것이 없지
않으나, 그 마음을 궁구하면 진실로 가상한 것입니다.

신은 일찍이 망령되게 이르기를, "고약해의 충忠은 본심 그대
로의 충이며, 죄는 말을 잘못한 죄이니, 비록 본심 그대로의 충
으로써 말을 잘못한 죄를 상쇄할 수는 없다 할지라도 말을 잘
못한 죄가 있다고 해서 어찌 본심 그대로의 충이 없다고 할 수
있겠는가. 한때의 잘못으로 가볍게 버릴 수는 없을 것"이라고
하였습니다. 그리고 고약해의 사람됨은 고지식하게 충간하는
것을 자임하는데, 조정에 이런 기상을 가진 사람이 없어서는
안 됩니다. 직무를 맡겨 관직에 있게 하면 비록 업무에 있어서
는 다른 사람보다 나을 것이 없을 것이나, 그 충성스럽고 높은
기풍은 족히 조정을 진작시키고, 동굴 속에 숨어 사는 선비로
하여금 조정에서 바른말로써 간언하는 사람을 귀하게 여기는
것을 알게 하여, 누구라도 기쁘게 와서 말하고 싶은 마음이 있

게 할 것입니다. 이처럼 백성의 풍속과 선비의 기풍에 관계되는 바가 없지 않은데, 하물며 고약해는 대신으로서 전하께서 중히 여기시고 미더워하신 지 오래된 사람이 아닙니까. 지금 만약 이런 죄로써 물리쳐 버리고 다시 부르지 않으면, 저 평일에 서로 칭찬하고 흠모하던 무리들이 반드시 움찔하면서 서로 이르기를, "나아가 간언하는 것이 어렵지 않은가. 고약해는 평소에 임금의 신임을 받아 스스로 천 년 만에 한 번 만난 기회라 하였고, 말을 들어 주고 계책을 내면 시행되었으며, 알고 있는 일은 말하지 않는 것이 없던 사람이었는데, 갑자기 말을 잘못했다는 죄를 얻어 끝내 쫓겨나고 말았으니, 하물며 다른 사람은 어떻겠는가? 어리석게 직간하는 풍습은 진실로 본받을 것이 못된다. 말해서 잘되어도 자신에게 이익이 없고 말해서 잘못되면 죄책이 따르는데, 무엇하러 감히 귀에 거슬리는 말을 하다가, 만에 하나 예측할 수 없는 위험을 만나 화를 자초하겠는가!" 라고 할 것입니다. 이리하여 자신을 보전하려는 계책이 더욱 긴밀해져서 잘못을 책하는 말은 입 밖에 내기를 꺼리게 되며, 간교한 지혜로 아무 말도 않는 사람이 꾀를 부리는 동시에, 산림의 소박한 논의는 나올 수 없게 될 것이니, 그 형세가 어찌 점점 두렵지 않겠습니까. 신은 전하를 위해 그것을 무겁게 여기오니, 성상께서 다시 생각해 주시기를 엎드려 바라옵니다.

고약해는 지난 3월 18일 조회에서 지방 수령의 재임 기간을 6년으로 정한 법으로 인해 뇌물을 받거나 국가 재산을 훔쳐 숨기는 범장犯贓의 죄를 범하는 경우가 많고, 또 임금을 직접 뵐 수 있는 조회에 오래도록 참석하지 못해 억울해한다는 주장을 하였다가 세종의 진노를 받아 형조참판刑曹參判의 관직에서 파직되었다. 형식적으로 드러난 이 사건의 명목은 지방 수령의 재임기간을 줄이는 것이 옳은가 아닌가 하는 것이지만 실질적으로는 세종에 대한 고약해의 무례한 태도가 더 큰 문제였다. 예전부터 고약해는 괴팍하고 독불장군과 같은 성품으로 인해 많은 사람들과 마찰을 일으켰고, 누구든 자신과 생각이 조금만 다르면 서슴지 않고 심한 말을 해서 갈등을 빚었다. 심지어 당시의 조회에서는 임금의 말이 끝나지도 않았는데 무례하게도 중간에 말허리를 자르고 자기 말만 하며 대들었으니, 아무리 너그럽고 포용력이 남달랐던 세종이라 하더라도 화가 치밀어 오르지 않을 수 없었던 것이다. 오죽하면 당시 사람들이 별나고 일반적이지 않은 상황이나 사람에 대해 '고약하다'는 표현을 하게 되었겠는가. '고약하다'는 말의 어원이 '고약해'라는 실존 인물이라는 설은 흥미롭기는 하지만 다른 한편으로는 그야말로 고약한 것이기도 했다.

　　사실 전후맥락을 짚어 보면, 고약해가 지방 수령의 재임 기간이 너무 길어서 불만을 토로한 이면에는 그 자신이 외직外職을 맡기 싫다는 생각을 표현하는 것이기도 하다. 그리고 누구보다 세종이 이 사실을 잘 알고 있었다. 예전 경주부윤慶州府尹을 새로 임명하고자 할 때, 고약해는 효령대군孝寧大君의 집에 찾아와 만약 나를 경주에 보내면 나아가지 않을 것이라고 하였다. 이 사실을 알고 세종은 이조吏曹에서 고약해를 포함하여 몇 사람을 천거하였을 때, 고약해는 외직에서 돌아온 지 오래되지 않았다고 하면서 다른 사람을 임명하기도 했다. 이 외에도 자기 자신은 항상 기생을 수레에 태워 데리고 다니면서도 엉뚱하게 창기娼妓를 혁파해야 한다는 상소를 올리는 등 말과 행실이 달라 여러 번 구설수에 오르기도 했다. 상황이 이러한데도 고약해를 쉽게 내치지 못했던 것은 세종이 염려한 대로 사람들이 진실한 뜻을 알지 못하고 임금이 간언을 싫어한다고 여길 수 있다는 점 때문이었다. 하지만 정도가 지나치게 되자 결국 세종은 3월 19일 고약해의 관직을 파면하기에 이르렀던 것이다.

하위지 역시 전후사정을 충분히 알고 있었다. 그럼에도 고약해의 파직을 풀어 달라는 장문의 상소를 올린 이유는 세종의 우려와 마찬가지로 어떤 상황에서도 언로言路가 열려 있어야 하며, 누구든 솔직하게 자신의 생각을 표현한 것에 대해서는 그 자체만으로 처벌받지 않는다는 인식과 풍토를 만들어야 하는데, 고약해의 파직으로 인해 자칫하면 세종이 자유로운 언로를 막고, 간언의 기풍을 위축시킨다는 누명을 쓸 수 있다고 보았기 때문이다. 세종 역시 하위지의 걱정을 잘 이해하고 있었다. 그래서 고약해를 파직할 때도 "신하된 사람이라면 어려운 일이든 편한 일이든 가리지 않아야 하는데, 고약해는 외직을 싫어하고 꺼려서 여러 차례 불만스러운 말을 하니, 신하로서 임금을 섬기는 도리에 매우 어긋난다. 내가 이를 탄핵하려고 하는데, 사람들이 내 뜻을 알지 못하고 곡해하여 내가 간언을 싫어한다고 생각하지 않을지 염려가 된다. 신하라면 마땅히 간언하여 반드시 따를 것을 기약하다가, 세 번 간언을 했는데도 수용되지 않으면 떠나가는 것이 예전의 의리였다. 내가 어찌 신하가 간언하는 것을 꺼리겠는가"라고 하였던 것이다.

이미 세종은 고약해의 주청奏請이 국가와 조정을 위한 것이 아니라 자신의 개인적 이익을 위한 것이라고 판단하고 있었던 것 같다. 하지만 그것을 직접 문책하지 않고 가만히 내버려 두었다. 가능하면 스스로 그만두기를 바란 것인데, 그럼에도 고약해의 주청이 반복되고, 또 그 무례함이 도가 지나치자 더 이상은 참을 수 없었던 것이다. 그래서 하위지의 간곡한 상소에도 냉담한 반응을 보이며 윤허하지 않았다. 다만 하위지의 충심을 격려하는 뜻에서 술과 음식을 하사하여 섭섭한 마음을 갖지 않도록 하였다. 그리고 다음 해에는 결국 고약해를 경창부윤京倉府尹(종2품)으로 복직시키게 된다.

세종 23년(1441) 7월 21일 하위지의 형인 하강지가 전라도 동복현감同福縣監(종6품)에 제수되어 서울을 떠나 지방으로 가게 되었다. 하강지는 하위지보다 9년이나 앞서 급제하였지만 승진이 늦어 당시에는 동생보다 오히려 직책이 뒤처지게 되었다. 세종이 이 사실을 알고 임지로 떠나는 하강지를 친히 불러 위무하고, 지방 수령의 임무를 잘 수행해 줄 것을 당부하였다.

앞에서도 말했듯 하위지는 나이 31세가 되는 세종 24년(1442)에 성삼문 등과 함께 진관사에서 사가독서를 하며 학문에 전념하였다. 또 틈이 날 때마다 이들과 시문을 지어 서로 화답하면서 우의를 다졌다. 이때 서로 연구聯句하여 지은 시가 남아 있는데, 그중에서 하위지가 지은 부분을 가려보면 다음과 같다.

종이로 만든 등에 연구로 짓다(紙燈聯句)

달처럼 둥글게 만들어	做得氷輪樣
온 방 안의 빛을 간직했노라.	藏爲一室光
표면은 온전히 깨끗함을 띠었고	面對十分潔
중심은 한 점 불꽃을 머금었다.	心含一點苩
순전한 옥돌같이 흠집이란 원래 없고	粹玉元無缺
붉기가 꽃 같은데 향기 없어 흠이로다.	爛紅只欠香

꽃 같은 심지는 화사함 그대로를 본떴고   芳心樣濃艶
하얀 바탕은 새로운 단장을 비웃네.   皓質笑新粧

글 읽는 자리에 유생도 승려도 동반하고   淸榻伴儒釋
먼지 쌓인 서책에선 제왕들을 비춰 준다.   塵編照帝王

으슥한 곳을 비추니 일월과 같고   燭幽同日月
옥을 태우는 곳 어찌 곤륜산뿐이랴.   焚玉豈崑岡

　　다음 해인 1443년 하위지는 집현전수찬集賢殿修撰(정6품)으로
진급하였으며, 시강侍講과 경연에 참여하였다. 그는 특히 치국治
國의 경륜과 시무를 다루는 대책對策과 소장疏章이 뛰어나 세종으
로부터 '인재 중에서 제일' 이라는 칭찬을 받기도 했다. 6월 28일
세종이 정인지鄭麟趾(1396~1478) 등에게 『치평요람治平要覽』의 편찬
을 명하였을 때, 하위지도 이 작업에 함께 참여하였다. 이 『치평
요람』은 세종 27년(1445)에 완성되었으며, 중국과 우리나라의 역
사서 가운데 귀감이 되거나 경계해야 할 부분에 대해 편차를 정
해 한눈에 살펴볼 수 있도록 엮은 책이다. 또 10월 27일에는 세종
이 토지 조세를 개혁하기 위한 공법貢法을 시행하기 위해 그 여부
를 물었을 때, 급하게 시행하지 않아야 할 것이고 또 9등으로 너
무 세분하는 것보다는 3등이나 5등으로 구분하여 적용하는 것이

사육신공원 진입로

사육신공원 내 민절서원 외삼문인 불이문

神碑道閣

사육신 신도비각

사육신공원 육각비

좋겠다는 의견을 개진하였다.

　세종 26년(1444)에는 집현전부교리集賢殿副校理(종5품)로서 2월
20일 집현전부제학集賢殿副提學 최만리崔萬理(?~1445), 직제학直提學
신석조辛碩祖(1407~1459), 직전直殿 김문金汶(?~1448), 응교應敎 정창손
鄭昌孫(1402~1487), 부수찬副修撰 송처검宋處儉, 저작랑著作郞 조근趙瑾
(1417~1475) 등과 함께 연명으로 언문 제작의 부당함을 아뢰는 상
소를 올렸다. 세종은 크게 진노하면서 정창손을 파직하고, 김문
에 대해서는 예전에 언문을 제작하는 것이 괜찮다고 했다가 이제
다시 불가하다고 말하는 이유가 무엇인지 국문鞫問하라고 명했

다. 또한 이들을 의금부에 가두어 하루 동안 자신들의 잘못을 반성하도록 하였다. 하지만 이로 인해 하위지에 대한 세종의 신뢰가 거두어진 것은 아니었다. 최만리와 정창손 등과 달리 하위지는 이들과의 의리상 함께 연명한 것임을 세종도 알고 있었기 때문이다.

그리하여 그해 하위지는 세종의 명을 받아『권농교서勸農教書』를 지었다. 앞서 세종 11년(1429)에 정초鄭招(?~1434) 등에게 명하여 각 도의 관찰사들에게 경험이 많은 농부들로부터 농업 기술을 듣게 하고, 이를 모아서『농사직설農事直說』을 간행하여 백성들의 농사지침으로 삼게 하였으나, 이제 다시 교서를 내려 농업의 중요성을 강조하고 지방 수령들로 하여금 효율적인 관리를 당부한 것이다. 이『권농교서』의 내용은 다음과 같다.

내가 생각하건대, 나라는 백성을 근본으로 삼고, 백성은 먹는 것을 근본으로 삼는 것이니, 농사라는 것은 의식의 근원으로 국정에 있어 무엇보다 먼저 하여야 할 것이다. 오직 그것이 백성의 생명에 관계되는 것이기 때문에 천하의 지극한 노고를 겪게 되는 것이니, 윗사람이 성심으로 인도하지 않으면 어떻게 백성으로 하여금 부지런히 농사에 힘써서 생생生生의 즐거움을 이루게 하겠는가.
옛날 신농씨神農氏가 처음으로 따비와 쟁기를 만들어서 천하를 이롭게 하였고, 소호씨少昊氏가 구호九扈에게 명하여 농사를 맡게 하였다. 이것은 성신聖神이 하늘의 뜻을 계승하여 표준을 세우고, 억조창생을 위하여 명命을 세운 것이다. 요堯임금이 희화羲和에게 명하여 공경히 천시天時를 기록하여 백성에게 주었고, 순舜임금이 십이목十二牧에게 이르기를, "먹을 것을 기르는 일은 오직 때를 잃지 않아야 한다"라고 하였다. 하후씨夏后氏는 물을 끌어와 논밭에 대는 일에 전력하였으며, 상종商宗은 일반 백성들이 가장 소중하게 여기는 것을 알았다. 주나라에 이르러서는 농사짓는 것으로써 나라를 개창하여 빈풍豳風의 시詩와 무일無逸의 글이 모두 농사짓는 일의 어려움을 세밀하게 살피는 것이었으며, 이로써 장구한 치안의 사업을 이루었으니, 거룩하도다. 한나라 문제文帝는 자주 조서를 내려 해마다 농지를 갈고 씨앗을 심는 일에 전력하게 하였고, 농민에게는 조세를 줄여 주어 천하가 풍성하게 하였다.

당나라 고조高祖는 고을 수령과 관리들에게 조서를 내려서 간략하고 조용하게 하여 백성으로 하여금 농사짓는 때를 잃지 않게 하였고, 당나라 태종太宗은 항상 여러 신하들에게 이르기를 "의식衣食을 경영하는 데는 때를 잃지 않는 것을 근본으로 삼아야 한다"고 하였으니, 쌀 한 말에 삼 전錢씩 하게 한 효과가 어찌 까닭이 없었겠는가? 송나라의 제도는 권농勸農하는 벼슬을 두고 매 연말에 그들의 공적에 따라 상과 벌을 주었으며,

또 각 고을의 관장으로 하여금 매년 봄에 술을 싣고 들에 나가서 농부들을 만나 보고 힘을 다하여 농사를 지으라는 뜻을 유시하게 하였으니, 대개 여기에 내다보는 것이 있었던 것이다.

생각하건대, 우리 태조太祖께서 천운에 응하여 기업을 열고서는 가장 먼저 전제田制를 정리하여 백성을 도탄에서 건져서 농사를 짓는 이익을 누리게 하였는데, 그 권장하고 고과하는 조목이 모두 법령의 제일조에 있었다. 태종太宗께서 계승하신 뒤에는 더욱 농사일을 부지런히 함과 동시에 특히 어리석은 백성들이 심고 가꾸는 방법에 어두움을 염려하여 신료들에게 명하여 우리나라 말로 농사에 대한 서적을 번역하여 안팎에 널리 퍼뜨려서 후세에 전하도록 하였다.

덕이 적은 내가(세종) 대통을 이은 뒤로는 밤낮으로 조심하고 두려워하여, 우러러 전대前代를 따르고 조종祖宗을 본받으려 하였다. 농사에 대한 일은 마땅히 백성을 가까이하는 관리를 책망하여야 하므로 신중히 선택하고 친히 권유하였으며, 또 각 고을을 두루 방문하게 하여 각 지방에서 이미 시험한 결과에 의하여 『농사직설農事直說』을 편찬해서 지방에서 농사짓는 백성들로 하여금 분명히 알게 하였으며, 농사에 이익이 될 수 있는 것에 대해서는 마음껏 연구하고 시행하여 사람마다 그 힘을 다하여 버려두는 땅이 없기를 기약하였다. 그런데도 백성이 저축한 곡식이 없어서 한 번만 흉년이 들면 문득 굶주리

게 되는 경우가 있다. 이것은 고을의 관리가 나의 가르침을 힘
껏 받들지 않고 일하는 것이 아직 적은 까닭이므로 나는 이를
몹시 염려한다.

일찍이 옛날의 어진 수령들을 보건대, 능히 한 지방에 이익을
일으켜서 백성으로 하여금 크게 혜택을 받게 하는 것은 모두
가 부지런하고 불쌍하게 여기는 데서 이루어진 것이다. 공수
龔遂가 발해태수渤海太守가 되어서 힘써 농상農桑을 권하였는
데, 백성이 칼을 차고 다니는 자가 있으면 팔아서 송아지를 사
게 하며, 봄에는 농사터에 나가도록 권하고, 겨울에는 거두어
들인 것을 살펴서 세금을 부과하므로, 백성들이 모두 풍족하
게 되었다. 소신신召信臣이 남양南陽태수가 되어서 백성을 위
하여 도움 되는 일하기를 좋아하여 친히 농경을 권하고 논밭
에 드나들며 편히 앉아있을 때가 없이 돌아다니면서 물길을
살피고 도랑을 개통하여 관개를 넓게 하니, 백성들이 이익을
얻어서 모두 농사에 힘썼다.

임연任延이 구진九眞의 수령이 되었는데, 그 고을 풍속이 활을
쏘아 사냥하는 것을 업으로 삼고, 소를 부려 농사짓는 것을 알
지 못하여, 항상 곤궁하고 가난하게 생활하였다. 이에 농기구
를 만들게 하고 논밭을 개간하는 것을 가르쳐서 해마다 농지
가 넓어지게 되니 백성들이 풍족해졌다. 신찬辛纂이 하내河內
태수가 되어서 농상을 독려하고 친히 검사하여 부지런한 자는

비단으로 상을 주고 게으른 자는 죄를 주었다. 주문공朱文公 (朱熹)이 남강南康의 수령이 되어서는 방문榜文을 인쇄하여 백성을 권면하되, 쟁기로 가는 것, 거름을 주는 것과 풀을 베는 절차에서부터 삼과 콩을 심고 저수지를 건설하는 일에 이르기까지 세밀하게 갖추어 친절히 가르침을 베풀었고, 때때로 직접 들판을 순시하여 가르치는 대로 하지 않는 자에게는 벌을 주었다.

무릇 이런 것이 어찌 아무 이유 없이 번거로운 일을 좋아하기 때문이겠는가. 대개 보통의 인정이란 위에서 이끌면 노력하고, 놓아두면 게으름에 빠지는 것이다. 옛 선현들이 말하기를, "한낱 선비라도 참으로 사물을 사랑하는 데 마음을 두면, 사람에게 반드시 도움이 되는 바가 있을 것이다"라고 하였다. 하물며 지금 감사나 수령의 책임을 맡은 사람은 모두 일을 이룰 수 있는 권한을 쥐고 있어서 한 지방의 잘 살고 못사는 것이 자기 한 몸에 달려 있으니, 만일 성심으로 백성들을 어루만져 준다면 어찌 옛사람에 미치지 못하겠는가.

대저 농가의 일은 시기를 일찍 서두르면 소득이 역시 이르고, 힘을 많이 쓰면 수확도 역시 많은 것이다. 그러므로 농정의 요체는 오직 때를 어기지 않게 하고, 인력을 빼앗지 않는 데에 있는 것이다. 백곡을 심는 것이 각각 때가 있으니, 때를 한번 어기면 끝내 뒤질 수밖에 없다. 백성의 몸이 하나인 이상 힘을 나

눌 수 없는데, 관에서 빼앗아 간다면 어떻게 농사에 힘쓰지 않았다고 문책할 수 있겠는가. 진실로 사람이 할 일만 다한다면 비록 천운이 순조롭지 못하더라도 또한 막을 수 있는 것이다. 이윤伊尹이 밭을 구획한 것과 조과趙過가 해마다 밭을 교대한 것 등이 바로 그와 같은 것이다.

근일에 경험한 것으로 말하면, 정사년丁巳年에 후원에서 시험 삼아 농사를 짓고 인력을 다하였는데, 과연 가뭄을 만났으나 재앙이 되지 않았고 벼가 꽤 여물고 익었었다. 이것으로 보면 우연한 천재天災는 충분히 사람의 힘으로 구제할 수 있는 것이 분명하다. 전해오는 말에 이르기를, "민생은 부지런한 데 있으니, 부지런하면 먹을 것이 끊어지지 않는다"고 하였고, 『서전書傳』에 이르기를, "게으른 농부가 편안한 것만 취하고 부지런히 애써서 농사에 종사하지 않으면 나중에 아무런 수확이 없을 것이다"라고 하였으니, 차라리 근로함에 지나칠지언정 게을러서는 안 된다는 것을 알 수가 있다.

대개 백성이 아무리 부지런하려 하여도 제때에 시키지 못하면 힘을 쓸 수가 없는 것이다. 또 망종芒種이라 칭한 것은 인력이 넉넉하지 못하여 모두 일찍 심지 못하더라도 이때까지만 심으면 오히려 가을에 성숙할 희망이 있다는 것이다. 그러므로 특별히 절기를 한정하는 것은 시기에 뒤져서 농사를 실패하는 것보다는 이 시기를 맞추는 것이 낫다는 것을 보인 것이요, 반

드시 이 시기를 기다려서 파종하라고 한 것은 아니다. 농서農
書에도 역시 이르기를, "대개는 일찍 서두르는 것이 좋다"고
하였다.

지금의 수령들은 묵은 습관에 젖어서, 비록 파종할 시기를 당
하더라도 망종이 아직 멀었다고 하면서 전답의 소송訴訟에 관
한 것을 곧바로 처결하지 않으며, 곡식 종자를 빌려주고 식구
의 양식을 진휼하는 것도 항상 서두르지 않고 느리게 하여 제
때를 잃게 한다. 비록 급히 서둔다 해도 수령은 감사에게 보고
하고, 감사는 호조에 공문을 내어 정부에 보고하고, 정부는 사
유를 갖추어 위에 아뢰어, 서로 왕복하는 동안에 망종芒種이
지나버리는 일도 있다. 혹은 갈고 심는 적기를 알지 못하고, 한
갓 권과勸課하는 명목에만 힘써서 파종하는 것을 너무 일찍 독
려하기 때문에 싹이 살지 못하여 도리어 농사를 망치게 하는
일도 있다. 혹은 참으로 절기의 이르고 늦음을 알지 못하여 계
획이 소홀하여 일의 기틀을 놓치는 경우도 있다. 이것이 어찌
근심을 나누고 백성을 사랑하는 본의라 하겠는가.

나와 함께 정치를 하는 사람은 내가 위임하는 뜻을 체득하여,
조종의 백성에게 후하게 하는 법전을 따르며, 전현들의 농사
를 권과하는 규정을 살펴보도록 하라. 풍토에 적합한 것을 널
리 물어보고 농서에 실린 것을 참작하여, 미리 조치하여서 너
무 이르거나 너무 늦지도 않게 하라. 더욱이 다른 일을 시켜서

농사 때를 빼앗아서는 안 된다. 각각 자기의 마음을 다하여 백성들을 근본에 힘쓰도록 인도하고 농사에 진력하게 하여, 위로는 부모를 받들고 아래로는 처자를 양육하게 하라. 그리하여 우리 백성의 생명을 연장하고, 우리나라의 근본을 굳게 하여, 집집마다 넉넉하고 사람마다 풍족하여 예양禮讓의 풍속을 일으키며, 시절이 화평하고 해마다 풍년이 들어 함께 너그럽고 빛나는 삶의 낙을 누리게 하라. 너희 호조戶曹는 나의 지극한 생각을 본받아서 안팎으로 널리 깨닫게 인도하라.

이『권농교서』를 통하여 백성을 아끼고 사랑하는 세종의 마음과 이를 뒷받침하여 구체적인 실행규칙을 세움으로써 국가의 기틀을 세우고 아름다운 풍속을 만들고자 하는 하위지의 의지를 읽을 수 있다. 아울러 세종은 그해(1444) 10월 11일 세종이『오례의五禮儀』에 대한 상세한 주해를 만들라는 명을 내리면서 하위지가 실질적으로 이 일을 주관하도록 하였다. 비록 나이는 젊지만 예법에 관해서는 다른 누구보다 하위지가 가장 밝았고 전문지식을 지니고 있었기 때문이다. 이것은 다음 해 소헌왕후昭憲王后의 상제에서도 또 한 번 확인된다.

세종 28년(1446) 3월 24일 수양대군의 집에 피병避病해 있던 세종의 정비正妃 소헌왕후 청송심씨靑松沈氏(1395~1446)가 52세의 나이로 승하한다. 세종은 특별히 하위지를 지목하여 1년간 상복을 입겠다는 신하들의 주장이 옛 상제에 맞는지 상고해 보라고 명한다. 3월 26일 하위지가 옛 상제를 상고하여 아뢰니, 세종이 이에 근거하여 세자와 여러 왕자들은 최복衰服을 입다가 졸곡卒哭 후에는 3년간 흰 색의 상복을 입고, 신하들은 1년간 흰 색의 상복을 입도록 하였다.

하지만 다음 날인 3월 27일 세종은 다시 전지傳旨를 내려 하위지로 하여금 부친이 생존해 계실 때 모친이 별세하면 일 년간 상복을 입어야 한다는 정자程子와 주자朱子의 언급과 아울러 태종이 세종의 모후인 원경왕후元敬王后 민씨閔氏의 상사喪事에 세종으로 하여금 기년복朞年服을 입도록 한 전례를 참고하여 다시 상고하도록 하였다. 3월 28일 하위지가 다시 상고하여 아뢰니, 세종은 이를 바탕으로 부친이 생존해 있을 때 모친이 돌아가시면 기년복을 입되 상복을 벗고 나서는 옅은 옥색의 천담복淺淡服을 입고 심상 3년을 지내도록 법제화한다. 이와 같은 사례에서 확인할 수 있는 것처럼 세종은 고대의 예법을 상고하고 이를 바탕으로 현실에 맞는 예를 실행함에 있어 하위지의 학문과 식견에 전폭적인 신뢰를 보였다.

이렇게 세종의 신뢰와 지지 속에서 집현전 학사로서 활발한 역량을 발휘하며 승승장구하던 하위지에게도 큰 환란이 닥쳐왔다. 형인 하강지가 동복현감으로 재직 중에 큰 잘못을 저질러 사헌부의 탄핵을 받았던 것이다. 이해 9월 5일 사헌부에서 상소하기를 "동복현감 하강지河綱地가 관할 구역 백성의 아내를 간통하여 음욕淫欲을 마음대로 행하고, 미포米布를 가혹하게 징수하고는 마침내 간 곳이 없었는데, 후에 추핵推劾을 당하게 되자 도망쳐서 서울로 돌아왔으니, 간사하고 탐욕 많음이 이보다 심한 사람은 없습니다. 원컨대 역마驛馬로 내려 보내어 엄격히 국문鞠問을 가하게 하옵소서"라고 하였다. 형이 지방관으로서 추문에 휩싸이고 국문까지 당하는 송사에 휩싸이자 하위지의 입장이 난처해졌다. 곧바로 동생인 봉상시직장奉常寺直長(종7품) 하기지河紀地와 함께 사직을 청하였으나 받아들여지지 않았고, 대신 역마를 내려 형에게 다녀올 수 있도록 하였다. 하위지는 동생과 함께 내려가 형의 옥살이를 뒷바라지하면서 일 년여의 시간을 송사訟事에 관여하는데, 12월 15일에는 형의 억울함을 풀어 달라는 상소를 올리기도 하였다.

신의 형인 하강지河綱地가 동복현감이 되었을 때에 고을 사람인 송중의宋仲義가 형에게 감정이 있어 도사都事 원자직元自直에게 호소하였고, 원자직 또한 오래된 혐의가 있어, 수령守令을 선동하여 여러 방면으로 가혹하게 형벌해서 (없는 사실을 꾸며서) 죄를 만들었으니, 청컨대 앞뒤 사실을 다시 조사하여 주시옵소서.

세종은 이를 형조刑曹에 보내 사실을 조사하도록 하였다. 이 와중에 불행하게도 형의 병간호를 하던 동생 기지가 오히려 병이 들어 죽게 된다. 세종 29년(1447) 4월 17일 하위지는 다시 한 번 상소를 올려 사직을 청한다.

신이 용렬하고 어리석어 외람되게도 전하를 시종侍從함에 오히려 더럽히는 결과가 되었음에도 성은을 지나치게 입어 스스로 보답할 길을 알지 못하겠습니다. 병인년 9월에 형 하강지河綱地가 병든 몸으로 남쪽 변방의 옥살이를 가게 된 까닭에 제가 사직하고 형을 부축해서 가고자 하였더니, 본직本職을 그대로 두고, 또 역마를 타고 함께 갈 수 있도록 윤허하시었고, 얼마 안 되어서 형의 병이 위독하고 또 아우인 하기지河紀地가 죽었으므로 벼슬을 사직하고 형의 병구완과 아우의 초상을 치르고자 하였더니, 또 역마를 타고 가서 돌볼 것을 윤허하시었으니, 전후의 특별하신 은정이 고금에 없는 일이옵니다. 돌아보건대 저에게 무슨 미미한 공로가 있어서 외람되게도 이러한 특별한 은총을 입을 수 있겠습니까. 밤중에 일어나서도 눈물이 비오듯 내립니다. 상사환난喪事患難으로 내려온 뒤 여러 달이 지났으나, 대궐을 사모하는 외로운 정성은 아침저녁으로 더욱 간절합니다. 다만 그윽이 스스로 생각하건대, 신이 일찍이 부모를 여의고 오직 형에게 의지하여 아비처럼 여겨 왔는

데, 이제 옥에 갇힌 데다가 질병까지 더하여 있고, 동생인 기지
는 삶을 버리어 은혜를 갚았으므로 몸은 비록 끝났으나 땅속
에서 부끄러움이 없을 것입니다. 신이 형을 버리고 가서 반열
에 나아가는 것은 인정에 차마 못할 바이고, 그렇다고 헛되게
관직을 맡고 있으면서 오래 외방에서 날을 보내는 것이 또한
깊이 황공하오니, 진퇴가 궁색하여 몸 둘 바를 모르겠습니다.
엎드려 바라옵건대 위태롭고 간절한 정상을 굽어 어여삐 여겨
관직을 파면하도록 윤허하여 주시옵소서.

하위지의 간절한 상소를 접한 세종은 어쩔 수 없이 사직을
허락한다. 결국 하위지는 이해 8월 18일 성삼문이 장원을 차지하
고 박팽년, 신숙주 등 집현전 학사들이 상위에 급제한 문과 중시
重試에 응시하지도 못한다. 그 바람에 승승장구하던 관직생활에
도 큰 타격을 입게 된다. 급제자의 관직을 높여 주면서 본래 하위
지보다 낮은 직급에 있던 사람들이 더 높은 직급으로 승진한 것
이다. 만약 하위지가 이 시험에 응시했더라면 그의 학문적 역량
으로 보았을 때 우수한 성적을 받아서 크게 중용될 수 있었을 것
이니, 개인적으로는 불행한 일이 아닐 수 없었다. 어쨌거나 하위
지의 사직 기간은 매우 짧았던 것 같다. 그해 11월 16일 집현전교
리인 하위지가 자신이 대신하여 형벌을 받을 것이니 대신에 형
하강지를 사면해 달라는 간절한 상소를 올린 기록이 남아 있다.

신의 형 하강지가 지금 법에 저촉되어 유배를 가게 되었습니다. 생각하건대 신이 일찍 부모를 잃어 신과 과부가 된 맏누이와 약한 아우, 약한 누이가 전부 형인 하강지를 쳐다보며 부모와 같이 여기면서 살아 왔습니다. 또 하강지가 신의 한집에서는 종손이 되어 선조의 제사를 받들고 분묘墳墓와 신령神靈이 의탁하는 바인데, 지금 만일 먼 땅에 유배되고 나면 자매형제가 의뢰한 데가 없고, 부조의 신령이 의지할 주인이 없이 종통이 끊어지고 집안이 깨뜨려져 문호門戶가 빗자루로 땅을 쓴 것같이 될 것입니다. 신의 생각이 여기에 이르니, 사는 것이 죽는 것보다 못하여 심신心神이 혼탁하여 어찌할 바를 모르겠습니다. 신은 원하옵건대 관직에서 이름을 삭제하고 도작徒作이 되어 형 하강지를 따라 영구히 종이를 만드는 노동에 종사하는 도침擣砧에 붙이어 형의 유배형을 대신하고자 합니다. 엎드려 바라옵건대 성상께서 특별히 뇌우雷雨의 은택을 내리시어 편벽되고 비천한 저의 정성을 이루어 주소서. 절박한 심정으로 청하옵니다.

대개 사람을 형벌하는 것이 정한 법이 있는데, 신이 망령되게 어리석은 정성을 가지고 법에 어긋나게 대신하여 벌을 청하오니, 신의 죄는 만 번 죽어 마땅할 것입니다. 그러나 신의 형의 죄가 또한 의심스러운 것이 없지 않습니다. 고을 사람이 사람을 때려 죽였는데 수령守令이 구원하여 말리지 못하였으니, 직접 범죄를 저지른 사람과 비교하면 어찌 차등이 없겠습니까. 신이 비록 그릇된 생각이기는 하나 죄가 의심되면 가볍게 처벌하는 휼전恤典에 반드시 누累를 끼치지는 않을 듯합니다. 옛적에 상민중向敏中이 사람을 죽인 중(僧)의 옥사를 의심하여 캐물으니, 중이 다만 말하기를, "전생에 이 사람의 생명을 저버렸을 것이라"고 하였습니다. 신이 항상 휼형교서恤刑敎書를 읽다가 여기에 이르면 비참하게 생각하지 않은 적이 없는데, 어찌 신의 몸에 친히 보리라고 생각하였겠습니까. 신의 형의 불행이 이 중과 같습니다. 형이 그때에 마침 감사監司의 차임差任을 받아 관을 떠났다가 하룻밤 지내고 병이 나서 앞으로 나가지 못하고 말미를 받아 관에 돌아와서 치료하였는데, 이튿날에 이 환란이 일어났으니 만일 이 병이 아니었던들 반드시 이 화가 없었을 것입니다. 병이 환란으로 더불어 매개가 되어 하늘에서 떨어지듯 하였으니, 또한 신의 집안의 재앙이 부른 것입니다. 신이 다시 무슨 말을 하겠습니까. 오직 다시 살펴보시는 은혜를 바라서 조금이라도 가문의 명맥을 잇고자 하는 것뿐입니다.

다만 생각하건대 몸이 자기의 소유가 아닌데 사사로이 제명除名해 주시기를 비니 신하로서 '오직 나라를 생각할 뿐'이라는 의리에는 어긋남이 있으나, 나라에 큰 난이 있으면 대신이 당하고, 집에 큰 난이 있으면 자제가 당하여 오직 있는 데에 따라 죽는 것을 다할 뿐입니다. 지금 신의 집안에 닥친 환난이 지극히 참혹합니다. 아우 하기지가 전년에 직임을 사양하고 호남으로 달려가서 형을 구제하다가 병을 얻어 객지에서 죽고, 오직 신이 홀로 있어 다른 위탁할 만한 사람이 없으니, 신이 만일 우물쭈물하고 이 환란을 감당하지 않으면 부형의 은혜를 배반하고 죽은 아우의 바람을 저버리는 것입니다. 또한 이는 그보다 먼저 국가에 보답하는 기본을 잃어버리는 것이기도 하니, 국가에서 장차 어디에 쓰며, 신도 다른 날에 또한 무슨 얼굴로 스스로 노비가 되어 아비의 죄를 대속한 효녀 제영緹縈을 지하에서 볼 수 있겠습니까? 또 도침擣砧의 역사는 국가의 중한 일이니, 신이 형을 따라 노동하여 몸을 구부리고 죽을힘을 다하면 또한 족히 '있는 곳에 따라 죽기를 다하는' 정성을 바칠 수 있는 것입니다. 신이 성은의 망극함을 입었는데, 이 생에서는 이미 보답할 기회가 없으니, 죽어서 썩지 않으면 기필코 결초보은하겠습니다. 글을 쓰다가 눈물이 떨어져 무슨 말씀을 올려야 할지 모르겠습니다.

비록 세종은 이를 윤허하지 않았지만 형을 위하는 하위지의 마음과 몸을 돌보지 않고 헌신적으로 형의 병을 돌보는 모습을 보고 사람들은 형제간의 정리가 이에 이르렀으니 매우 족하다고 칭송하였다.

세종 30년(1448)은 조선 왕실에 있어 매우 중요한 해이다. 왜냐하면 세종의 원손元孫인 홍위弘暐가 4월 3일 왕세손으로 책봉되었기 때문이다. 이는 세자인 문종과 그 뒤를 이을 세손까지 공식적으로 확정함으로써 '종법적宗法的 방식'으로 왕위 승계의 정통성을 확정한 것이다. 왕위를 승계하는 방식으로 볼 때 이전까지 조선의 왕위는 '패권적覇權的 방식'과 '택현적擇賢的 방식'으로 진행되면서 갈등이 계속되었다.

패권적 방식은 태종의 왕위 승계에서 볼 수 있는 것처럼 적장자로 이어지는 순리적 형식이 아니라 즉위 당시에 정치권력을 장악한 인물이 무단적 또는 전제적 힘을 바탕으로 왕위를 승계하는 방식을 말한다. 택현적 방식은 적장자의 혈연관계를 우선시하지 않고 누가 왕재王才로서 적합한가 하는 점을 고려해 능력이 뛰어난 인물을 승계시키는 방식으로, 세종의 즉위가 이에 해당한다. 그런데 종법제宗法制를 기초로 하는 유학의 관점에서 보면 이런 방식의 왕위 승계는 바람직하지 않다. 건국 초기의 혼란을 극복하고 유교적 제도와 문물이 정비되는 가운데 '종법적' 방식이 왕위 승계의 근간이 되어야 한다는 것은 누구나 공감하는 것이었다. 무엇보다 유교이념의 명분에서 우위성을 지닌 것이기 때문이다.

현실적으로 보았을 때, 건강상에 치명적인 문제가 있었던 장자(문종)보다는 둘째인 수양대군首陽大君(1417~1468)이나 셋째인 안평대군安平大君(1418~1453)이 왕재王才로 더 적합하기는 했지만, 건국 후 아직까지 한 번도 적장자로 왕위 승계가 이루어지지 못했다는 사실은 유교국가를 표방하는 조선 왕실의 가장 큰 문제였다. 결국 세종은 추후에 발생할 수 있는 정치적 문제를 예감하면서도 종법적 왕위 승계를 선택하지 않을 수 없었다. 대신에 자신의 임종이 멀지 않았음을 깨달은 순간 몇 가지 안전장치를 마련함으로써 왕권을 확고하게 하고자 하였다.

첫째, 세종은 여러 대군들에게 각자의 역할을 만들어 줌으로써 왕실의 위상을 강화하고, 합심하여 형제간의 우애로써 자신의 대를 이을 문종을 충심으로 보필할 것을 당부하였다. 서책을 편찬하거나 국가 시책을 정할 때 대군 가운데 한 사람을 정하여 책임자로 지정한 것이라든가, 임종하기 얼마 전에 금성대군의 집으로 수양대군과 안평대군 등 여러 대군들을 불러 후일에 대해 약속을 하도록 한 일 등이 이런 맥락에서 진행된 것이었다. 그리고 마침 당시 중국 조정에서 큰 변고가 있었다. 즉 세종 31년(1449) 명나라 제6대 황제인 정통제正統帝가 북방을 정벌하러 친정親征을 갔다가 오히려 오이라트 족에게 포로로 잡히는 치욕을 당하였는데, 명나라 조정에서는 황위를 비워 둘 수가 없어 정통제의 이복 동생을 황제로 옹립하였으니 그가 제7대 황제인 경태제景泰帝이다. 그런데 다음 해에 명나라와 오이라트 사이에 화의가 성립되어 정통제가 풀려남으로써 큰 문제가 발생한 것이다. 명나라 조정은 정통제를 지지하는 세력과 경태제를 지지하는 세력으로 나뉘어 큰 혼란을 겪었는데, 결국 정통제가 태상황제가 되어 유폐되는 것으로 마무리되었다. 세종은 이런 상황을 보고 혹시 자신이 죽은 후에 왕위와 관련하여 형제들 간에 뜻하지 않은 분란이 생길 것을 염려하고, 미리 형제들을 불러 왕위에 대한 정통성을 확정한 후 유시를 내려 모든 형제가 서약을 하도록 하였다.

둘째, 왕세손을 미리 책봉함으로써 혹시 모를 논란을 미연에 방지하고자 하였다. 문종이 병약하여 일찍 사망하는 일이 생기더라도 그 뒤의 후사까지 확정함으로써 왕위 승계에 대한 불필요한 논란이 생기지 않을 수 있도록 조치한 것이다. 이에 덧붙여 세종은 의정부 대신들과 자신이 가장 믿을 수 있는 근신近臣들, 즉 하위지를 비롯한 집현전 학사들에게 친히 세손을 보호해 줄 것을 부탁하였다. 세손 책봉 후 세종이 친히 왕세손을 안고 집현전을 찾아 여러 학사들을 돌아보며 "과인이 죽은 뒤에도 그대들은 모름지기 이 아이를 보호하라" 하였는데, 그 자리에 있던 신하들이 감격하여 눈물을 흘리지 않은 이가 없었다고 한다.

세종 30년 5월 9일, 조정 대신들 사이에 상례喪禮에 대한 논란이 일어났다. 종실宗室인 이담李湛(?~1431)에게는 첫째 부인 백씨白氏와 둘째 부인 이씨李氏 등 두 명의 처가 있었는데, 이씨가 먼저 죽자 첫째 부인의 소생인 이효손李孝孫이 상복 입기를 거부했다. 둘째 부인의 소생인 이성손李誠孫이 사헌부에 이 사실을 알렸는데, 조정에서도 의견이 분분했다. 1413년 한 명의 부인만 두도록 법령으로 정하기 전까지는 몇 명의 정실부인을 두는 경우가 간혹 있었는데, 결국 자식들에게는 어머니가 여러 명이 되는 모순이 발생한 것이다. 당시 조정의 의견은 크게 세 가지였다. 첫째는 비록 친모가 아니라 하더라도 상복을 입고 삼년상을 지내야 한다는 의견, 둘째는 친모가 살아 계신데도 삼년상을 지낸다면 이는 친모를 부정하는 결과가 되므로 상복을 입지 말아야 한다는 의견, 그리고 셋째는 위의 두 가지를 절충한 것으로 일 년간 상복을 입어야 한다는 의견이다. 하위지는 비록 예법에 어긋나는 것이기는 하지만 일시적으로 잘못된 습속의 폐해를 고려하여 친모가 아니라 하더라도 삼년상을 지내고 사당에도 함께 모셔야 한다고 주장하였다. 지나치게 하나의 원칙에만 집착하다 보면 형평에 맞지 않는 결과를 초래할 수 있고, 무엇보다 형제이면서 한 사람은 상복을 입고 다른 사람은 상복을 입지 않는다면 남남과 다를 바가 없게 된다는 점이 가장 큰 문제라는 것이다. 여기에서 옛 법제에 대해서는 누구보다 해박하지만 단순히 그것을 고집하는 것이 아니라 현실적 상황을 고려하여 최선의 해결책을 찾고자 하는 하위지의 태도를 확인할 수 있다.

세종 31년(1449) 2월 5일 『고려사高麗史』를 새로 고쳐 편찬하는 일을 의논할 때, 하위지도 사관史官으로 함께 참여하였는데, 박팽년·유성원 등과 함께 기紀·전傳·표表·지志로 나누어 편찬하는 기전체紀傳體로 할 것을 주장하여 이것이 받아들여졌다.

3. 활발한 정치활동 시기: 문종 즉위년(1450)~단종 원년(1453)

세종 32년(1450) 2월 17일 세종이 54세의 나이로 승하하고, 왕세자였던 문종이 2월 22일에 즉위한다. 문종의 이름은 이향李珦, 자는 휘지輝之로, 1414년 당시 충녕대군(세종)과 심씨(소헌왕후) 사이에서 출생하였다. 세종 3년(1421) 8세의 어린 나이에 세자로 책봉되었다.

재위 후반기에 세종은 건강이 좋지 않아 모든 정무를 직접 처리하는 것에 대해 부담을 느끼게 되었고, 세종 18년(1436) 의정부서사제議政府署事制를 실시하여 정무의 부담을 줄였다. 대신에 승정원承政院과 집현전의 기능을 강화하여 의정부의 권한을 견제하도록 하였다. 또한 세종 19년(1437)에는 세자가 서무를 결재하도록 하려고 했으나 대신들의 강력한 반대로 시행하지 못했다.

몇 년 후인 세종 24년(1442)에 대신들의 반대를 무릅쓰고 세자가 섭정을 하는 데 필요한 첨사원詹事院과 수조당受朝堂을 설치하였고, 세종 27년(1445)부터는 국가의 중대사를 제외한 모든 서무를 세자의 재가를 받아 시행하도록 하였다. 세자의 섭정은 그가 문종으로 즉위할 때까지 계속되었으므로, 문종 대의 정치는 세종시대 정치의 연장이라고 할 만큼 큰 차이가 없었다. 문제는 문종이 지나치게 병약하다는 점이었다. 세종 말년 섭정을 할 때뿐만 아니라 즉위 후에도 문종은 자주 병석에 누워야 했으므로 왕정을 제대로 주도하기가 어려웠다. 결국 문종은 세자로 있을 때부터 친밀한 관계에 있었던 집현전 학사들을 요직에 등용시킴으로써 약해져 가는 왕권을 수호하고자 하였다.

이런 맥락에서 문종은 5월 13일 인사이동을 단행하면서 하위지를 승진시켜 신숙주와 함께 사헌부장령司憲府掌令(정4품)으로 임명하였다. 그리하여 하위지는 집현전을 떠나 사헌부로 옮겨가게 된다. 그런데 이 인사에 대해서는 논란이 있었던 듯 유독 장황하게 임명 사유를 밝히고 있다.

하위지는 강개慷慨하고 뜻이 있어 항상 경연에서 시강侍講할 때에 선한 것을 권유하고 악한 것을 물리치도록 하는 바가 많았다. 일찍이 그의 형인 하강지가 죄를 지어 전라도에서 옥에 간히자, 하위지가 관직을 사임하고 내려가 형을 보살피고자 하였으므로 세종께서 이를 가상히 여겨 특명으로 휴가를 허락하고 역마를 보내 주었다. 하강지가 몇 고을을 옮겨 가며 수감 생활을 하니, 감옥과 재판정에 드나들 때마다 하위지가 목에 씌운 칼과 족쇄를 부축하면서 곁을 떠나지 않았으므로 보는 사람들마다 이를 탄식하면서 어려운 일이라고 여겼다. 이제 이 관직을 임명하니 하위지가 글을 올려 사양하고자 하였으나 (문종이) 윤허하지 않았다.

문종 대에는 집현전 학사 출신이 다른 기관으로 이직하는 일이 빈번해졌다. 이것은 원래 세종의 의도에 어긋나는 것이었다. 세종은 집현전 학사들이 연구에만 전념할 수 있도록 원칙을 정하고 가급적 다른 관직으로 나아갈 수 없도록 하였다. 하지만 정치적 상황의 변화로 인해 문종 대에는 집현전 출신 관원들이 적극적으로 현실 정치에 참여하게 되었고, 특히 언관言官으로의 역할이 증대되었던 것이다.

자기의 소신을 굽히지 않고 직언할 수 있는 강직한 성품으로 사헌부장령이 된 하위지는 1년이 채 안 되는 짧은 시간을 재직했음에도 수많은 간언을 쏟아 내어 자신의 강개한 기질을 유감없이 발휘하였다. 대간으로서의 그의 첫 상소는 문종 즉위년(1450) 5월 21일 양경로梁敬老가 함길도 온성부사穩城府使에 제수되자 그 부당함을 아뢰어 관직을 거두어들일 것을 청하는 것이었다.

양경로가 지금 온성부사로 임명되었는데, 이 사람이 지난 번 순천부사順天府使로 있을 적에 관할 구역의 백성 안극수安克守가 백성들을 학대한 폐단 17조목을 제시하며 본부本府에 호소하였습니다. 그 가운데 15조목은 자기의 원통하고 억울한 사정이 아닌 까닭으로 추문하지 않도록 하였지만, 군포를 잘못 징수한 것과 형벌을 남용한 것에 대해서는 곧 자기의 원통하고 억울한 사정인 까닭으로 감사에게 공문을 보내어 추국하다가 마치지 못하였는데, 마침 사면을 받아 무마된 적이 있습니다. 그 후에 의정부에서 아뢰기를, "양경로가 비록 사면을 받기는 하였으나, 안극수가 고소한 17조목이 어찌 다 무고誣告한 것이겠습니까?" 하고 청하여 파직시켰습니다. 그런데 지금 몇 달이 되기도 전에 다시 수령으로 임명하니, 다만 양경로에게도 징계될 바가 없을 뿐 아니라, 국가에서 인물을 선발하고 퇴출시키는 데 있어서도 가벼이 보고 쉽게 처리한 듯합니다. 또 온성穩城은 곧 마을을 만들어 새로 이사한 백성이 야인들과 섞여서 거처하는 땅이므로 마땅히 관대하고 온화한 사람을 수령으로 보내어 백성을 달래고 구휼하도록 해야 할 것인데, 지금 각박한 관리를 보내 다스리게 하는 것은 더욱 적당하지 못합니다. 청컨대 양경로의 관직을 환수하소서.

문종은 하위지의 청을 받아들여 양경로의 관직을 회수하였다. 실제로 양경로는 순천부사로 재임하면서 수십 명의 아전으로 하여금 항상 자기 주변의 쉬파리를 쫓도록 하였는데, 만약 한 마리라도 눈앞에 나타나면 아전의 볼기를 칠 정도로 잔인하고 난폭한 인물이었다고 한다.

또한 세종 말년부터 문종 초까지는 여러 가지 상황으로 인해 많은 불사佛事가 있었다. 소헌왕후의 상사喪事 이후 세종은 불교에 의탁하는 경우가 잦았고, 세종이 승하하자 효심이 지극했던 문종은 진관사津寬寺에서 성대한 백일재百日齋를 지내는 등 여러 차례에 걸쳐 불사를 일으켰다. 또한 세종 때부터 왕실에 출입했던 승려 신미信眉에게 '선교도총섭 밀전정법 비지쌍운 우국이세 원융무애 혜각존자禪敎都摠攝密傳正法悲智雙運祐國利世圓融無礙慧覺尊者'라는 긴 존호를 내림으로써 옛 고려조에 왕사王師를 책봉하던 전례를 부활시키는 것 같은 인상을 준다. 불교에 대해 누구보다 비판적인 시각을 지니고 있던 하위지는 특히 왕실에서 주관하여 행하는 불사佛事에 대해서는 그때마다 중지할 것을 탄원하였다.

전일에 불상佛像을 만들고 불경佛經을 베껴 쓰고 절을 창건하는 등의 일을 그만두시기를 힘써 청하였으나 윤허를 얻지 못하였습니다. 우리나라는 본시부터 군무軍務를 중시하는 나라이며, 또 근래에는 변방의 사변이 있으니, 바로 허둥지둥하면서 저축 준비할 시기를 만난 것입니다. 지금 듣건대, 각사各司의 미곡米穀과 포화布貨가 모두 다하여 없어지게 되었다고 하니 염려하지 않을 수가 없습니다. 이미 지나간 일은 그만이겠지마는, 이제부터라도 불상의 점안點眼을 축하하는 따위의 일들은 모두 그만두시옵소서. 전하께서 바야흐로 상喪중에 계시니 어찌하는 수가 없어서 이런 일들을 하시는 것이옵니다. 성상께서는 불교의 그릇된 점을 환하게 알고 계실 것이나, 세손께서는 아직 나이가 유충하시므로 어릴 때부터 정도正道로써 가르쳐야 할 시기입니다. 만약 불상과 경전 따위의 물건이 있으면 앞에 가까이 두지 못하게 하소서.(『문종실록』 1권, 즉위년 5월 29일 壬申)

유교국가를 표방하는 조선이 건국된 지 60여 년 동안 유학경전을 간행하고 문화사업을 펼쳐 이제 겨우 일반 백성들의 의식과 생활에 뿌리내리기 시작했는데, 왕실에서부터 불사를 일으키게 되면 왕조의 근간이 뿌리 채 흔들릴 위험이 있다고 본 것이다. 특히 어린 왕세손의 경우에는 처음부터 정학正學인 성리학을 교육시켜 사학邪學인 불교를 가까이하지 못하도록 해야 한다고 강력하게 주장하였다. 문종 역시 왕세손의 경우에는 철저하게 유학적인 교육을 시킬 것을 약속하지만 부모인 세종과 소헌왕후를 위한 불사에 대해서는 자식으로서의 도리를 내세워 받아들이지 않

는다. 하위지는 승려 신미에게 존호를 내린 일에 대해서도 극력
반대한다.

> 전일에 하교하시기를, "신미信眉의 칭호는 선왕께서 정하신
> 것이다"라고 하시었으나, 신 등이 물러가 생각하니 이것은 가
> 까운 시기에는 없었던 일입니다. 옛날 고려 공민왕恭愍王 때에
> 왕사王師·국사國師와 같은 칭호가 있었으나 우리 태종·세종
> 께서 극력 배척하시어 그와 같은 칭호를 폐지하였는데, 지금
> 갑자기 이렇게 칭호를 내리는 것은 불가합니다. 비록 이것이
> 세종의 유지라고 하더라도 신 등도 아직 모르고 있었는데 하
> 물며 다른 신하들이야 오죽하겠습니까? 온 나라 사람들이 반
> 드시 다 전하가 더욱 (신미를) 존경하여 이런 일을 하였다고
> 할 것입니다. 그리고 만일 일이 이치에 어긋나는 것이라면 비
> 록 세종께서 말씀하신 것이라 하더라도 또한 다시 생각하여
> 행하는 것이 대효大孝라고 할 수 있겠는데, 도리어 이처럼 좋
> 지 못한 일을 가지고 선왕의 유지라고 하시니, 의리에 맞지 않
> 을 것입니다. 청컨대 도로 거두어 주소서.(『문종실록』 2권, 즉위
> 년 7월 9일 辛亥)

승려에게 존호를 내리는 것은 자칫 왕이 앞장서서 불교를 인
정하고 장려하는 것처럼 비칠 수 있으며, 유교를 숭상하는 나라

에서 그런 일은 의리에 어긋난다는 것이다. 하지만 문종은 완강한 태도로 이렇게 말하며 물러서지 않는다.

> 세종께서 일찍이 말씀하기를, "왕사王師라고 칭하는 것은 안 되지만, 그 밖의 직책은 무방하다"라고 하셨다. 이것은 왕사가 아니고 다른 직책과 같으니, 무엇이 불가하겠는가? 그리고 만일 세종의 분부가 있었다면 비록 왕사라 칭한다고 하더라도 또한 공경하여 따라야 한다.(『문종실록』 2권, 즉위년 7월 9일 辛亥)

부모에 대한 효의 관점으로 논의를 바꾸어 버린 것이다. 또한 이것은 부모의 유지라면 반드시 따르는 것이 효인가, 아니면 부모의 유지라도 의리에 맞지 않을 때는 따르지 않는 것이 효인가 하는 문제와도 관련이 된다.

하위지는 이후에도 여러 차례 신미의 칭호가 부당함을 아뢰었고, 사헌부의 대간들 역시 "나라를 돕고(祐國), 세상을 이롭게 한다(利世)는 존호는 현인군자에게 주는 칭호인데, 간사한 승려에게 이런 칭호를 줄 수 없다" 하면서 삭제할 것을 주청하였다. 하지만 문종은 이 문제만큼은 양보하지 않았고, 오히려 자신과 가장 가까운 사람 중 하나였던 세자시강원世子侍講院 보덕輔德(종3품) 박팽년朴彭年을 파직시킴으로써 강경한 태도를 보인다. 하위지는 다시 박팽년의 사면을 요청하기도 하고, 자신 역시 함께 처벌해 줄 것을 요청하지만, 이 역시 받아들여지지 않았다.

　사실 신미의 존호 논란에 가장 적극적인 사람은 하위지였으나, 문종은 하위지에 대해서는 아무런 문책도 하지 않았을 뿐만 아니라 하위지의 충간에 대해 아름답게 여겼다고 한다. 그만큼 평소 하위지의 강직한 성품에 대해 충분히 이해하고 있었기 때문이다. 하지만 박팽년에게는 단 한 번의 상소에 곧바로 파직이라는 강한 문책을 내렸다. 어쩌면 인간적으로 자신을 이해해 줄 것이라고 믿었던 친구였기 때문에 더 큰 실망감을 느꼈던 것이 아닐까? 어쨌거나 이 사건은 8월 7일 조정의 인사를 다시 개편하면서 '우국이세祐國利世'라는 구절을 빼고 다른 구절을 첨가하여 존호를 내리는 것으로 마무리된다.

　하위지는 불교뿐만 아니라 환관의 세력이 커지는 것에 대해서도 경계했다. 앞선 6월 23일 문종이 궁궐의 음식을 담당하는 내시부內侍府 도섭리都薛里의 인장印章을 주조하라 명하며 환관이 섭리를 총괄하도록 하려고 하자, 하위지가 옛날에 이런 제도가 없었던 사실을 들어 불가함을 아뢴다. 문종은 단순히 제도의 문제가 아니라 환관의 권력이 커질 수 있다는 우려 때문임을 알고 "내가 인장을 주고자 한 것은 권력을 주려는 것이 아니라 출납하는 물건에 도장을 찍어서 신표를 삼으려고 한 것이다. 하지만 여러 사람이 (환관에게) 일을 맡기는 것으로 의심하고, 네가 지금 또 청하니, 마땅히 네 말에 따르겠다"라고 하면서 명을 철회하였다.

『문종실록』에 따르면 세종은 환관을 억제하여 직접 일을 맡기지 않았고, 만일 비위가 있으면 엄하게 징계하였는데, 문종은 환관으로 하여금 충호위忠扈衛 · 상림원上林園 · 사복시司僕寺 등 여러 아문衙門을 관장하여 감독하게 하고, 또 자주 대전 내관을 군기감軍器監에 보내서 관리의 근무태도를 규찰하였다. 이처럼 차츰 환관들에게 일을 맡기는 조짐이 있어 그 세력이 자못 커질 우려가 있었다. 하위지는 당시의 여론을 파악하고 이런 상소를 함으로써 환관의 발호를 미연에 방지하였던 것이다.

이 외에도 대간臺諫으로서 하위지는 조정의 인사가 조금이라도 형평에 맞지 않거나 정당하지 못하다는 판단이 들면 서슴없이 그에 대해 문제를 제기하여 언관으로서의 자신의 역할을 다하였다. 문종 즉위년(1450) 8월 7일 하위지는 인사개편에 대해 이렇게 아뢰었다.

김신행金愼行은 지난 세초歲抄에 외임外任에서 교체되어 들어왔는데 지금 일 년이 되기도 전에 또 지태안군사知泰安郡事로 임명되었으며, 지정池淨(?~1453)은 판이조사判吏曹事를 겸직하고 있는 정분鄭苯(?~1454)의 생질甥姪로서 정분과는 친족 간에 관직에 서로 영향을 주는 것을 피해야 할(相避) 처지임에도 불구하고 판사복시사判司僕寺事에 임명되었으니, 모두 법에 어긋난 일입니다. 예문관 · 춘추관 · 성균관 등 삼관에서 윗자리에 있는 사람으로 지난 세초의 고적考績이 중급인 경우에는 법으로 마땅히 품계가 같은 다른 관사에 옮겨 임명하도록 되어 있음에도 이조에서 즉시 제수하지 않더니, 지금에 와서 예문관 봉교藝文館奉教 이효장李孝長(?~1463)은 부사직副司直으로 임명하고, 성균관박사成均館博士 김위金煒는 교수관教授官으로 임명하며, 교서랑校書郎 진유경秦有經은 행참군行參軍으로 임명하는 것은 그 관직 임명이 또한 고르지 못한 것이니, 청컨대 이를 고쳐서 바로잡아 주옵소서.

또 10월 14일에는 고득종高得宗(1388~1452)을 중국 사신으로 임명한 것을 재고하라는 상소를 올린다.

부윤府尹 고득종이 지금 정조사正朝使가 되었는데, 이 고득종이라는 사람은 앞서 두 번이나 중국 북경北京에 사신으로 간 적이 있으나 그때마다 모두 탐욕스럽고 추잡하다는 뒷말이 있었습니다. 이제 듣건대 또한 부유한 상인의 아들 김술산金術山을 자신의 종이라고 거짓으로 칭하여 데리고 갔다고 하니, 그 마음 씀씀이를 알 수 있을 것입니다. 신 등은 최근에도 재차 사신을 다른 사람으로 바꾸어 임명하기를 청하였으나 아직 윤허를 받지 못하였습니다. 원컨대 신 등의 청을 따르소서.

문종은 수차례에 걸친 하위지의 간언을 받아들여 고득종 대신에 조석강趙石岡을 정조사로 보내도록 하였다. 실록에는 고득종이 제주도 사람으로, 시율詩律에 조금 뛰어났으나, 성질이 본래 이익을 탐하고 허황된 것을 숭상하며, 재산을 모으기를 일삼아 명예와 절조節操를 돌아보지 않았다고 기록되어 있다.

하위지의 간언 중에는 도의나 명분에 대한 것뿐만 아니라 현실적으로 백성들의 삶을 해칠 우려가 있는 일을 막고자 한 것도 있다. 문종이 즉위하고 얼마 되지 않은 6월 17일에는 국상을 당하여 사무가 번잡하고, 명나라 사신이 오가게 되며, 요동의 야인들이 범상치 않은 행동을 보인다고 하니 함길도에 행성行城을 축조하는 일을 잠시 중지하여 병사들을 휴식시키고 상황의 변화에 대비하는 것이 좋겠다는 상소를 올리기도 하고, 우찬성右贊成 정분鄭苯(?~1454)을 충청도·전라도·경상도의 하삼도下三道 도체찰사都體察使로 삼아 각지의 축성을 감독하게 하자 9월 23일에는 이에 반대하는 상소를 올려 지금까지의 전례대로 각 도의 감사와 절제사로 하여금 감독하게 하는 것이 옳다고 주장한다. 이것이 받아들여지지 않자 이틀 후인 9월 25일 다시 상소를 올려 요즈음 내외의 일이 번잡하여 백성들이 편히 생업에 종사할 수가 없는데, 이런 상황에 굳이 대신을 보내 백성들을 힘들게 해서는 안 된다고 거듭 주장한다. 그럼에도 문종이 10월 6일 정분을 도체찰사로 임명하자 10월 8일 다시 사헌부의 다른 대간들과 함께 문종의 면대面對를 청하면서까지 그 부당함을 아뢴다. 이에 문종도 어쩔 수 없이 다시 생각해 보겠다며 한 발 물러서는 모습을 보이지만, 결과적으로 하위지의 상소가 수용되지는 않았다.

그러자 10월 27일 사헌부대사헌 안완경安完慶(?~1453) 이하 하위지를 포함한 전 부원이 연명으로 사직을 청하는 상소를 올린다.

> 인사人事가 아래에서 감동한 뒤에야 천도天道가 위에서 감응하는 것이니, 하늘이 감응하는 길흉의 조짐은 날씨가 덥거나 춥고, 비가 오거나 햇볕이 나는 등에서 나타납니다. 옛날에 정치를 잘한 임금은 정치와 교화를 닦고 밝혀서 인사를 극진하게 하고서도 오히려 조심하고 삼가면서 하늘에 죄를 얻을까 두려워하여 조금이라도 비가 오거나 볕이 나는 바가 어그러질 때를 만나면 문득 경계하고 두려워하기를 더하여 몸을 굽혀 행실을 닦아서 하늘의 뜻에 응답함으로써 천변天變을 가라앉혔기 때문에 다스림이 날로 아름다워지고 천명天命이 더욱 굳어졌습니다. 진실로 천도는 깊고 멀기 때문에 인사에 관여함이 없으나, 재앙의 징조를 가벼이 여기고 스스로 살펴서 반성하지 않으면 하늘과 사람이 서로 나누어져 결국에는 하늘을 두려워할 필요가 없다고 하는 데까지 이르는데, 위험한 환란이 오는 것은 때가 없습니다. 근래에 겨울 날씨가 따뜻하여 재

해를 만들고 순음純陰의 달에 기후가 봄철과 같아 지맥地脈이 움직여 만상萬相이 구분하기 어려워서 수장收藏할 수가 없습니다. 밤에는 누런 안개가 끼고 별과 달이 빛을 잃으며, 낮에는 해가 엷어지고 구름이 없는데도 어두워져 어두컴컴한 날이 열흘이나 계속되고, 잇달아서 비가 내리는 등 천기의 변화가 하나같지 않으므로 실로 작은 변고가 아닙니다. 대저 별이 날아서 떨어지고, 해와 달이 운행을 잃는 것은 백성의 삶과 관계가 없는 것 같아도 군자君子가 이를 걱정하였는데, 하물며 음양이 불순하여 추위와 더위가 자리를 바꾸고 괴이한 비가 보리를 해쳐 재앙이 백성들에게 절박한 경우에야 어떠하겠습니까? 옛날 중국 한나라의 동중서董仲舒가 말하기를, "사람이 하는 일에 있어 그 좋고 나쁜 것은 천지의 운행과 통하고 왕래하여 서로 감응한다"라고 하였습니다. 이제 전하께서는 거룩한 성품이 너그럽고 어짊에도 불구하고 그 은혜가 백성들에게 미치지 못하여, 백성들의 힘이 이미 궁핍한데도 대규모 건축 공사가 그치지 않고, 비록 절실하게 올바른 말을 구하고자 하나 간언諫言을 따른 실상은 없으며, 조정의 대신이 영합하여 고식적姑息的인 계책을 쓰고, 좌우의 세력이 커져서 임금을 가리는 조짐이 나타나고, 관직을 제수하는 것을 외람되게 하여 청탁의 징조가 있습니다. 나라의 기강이 엄숙하지 못하고 만 가지 일들이 느슨하게 되는 것은 음양의 두 기가 나쁜 기운을 가져왔기 때문이니, 겨울철 정령政令이 해이하고 느슨해진 것이 이처럼 지극한 지경에 이르렀는데, 어찌 여기에서 말미암지 않았는지를 알겠습니까? 사헌부의 직책은 한 나라의 기강이 나오는 곳인데, 신 등의 자질이 모두 용렬하고 비루하여 쓸모없이 자리만 지키고 녹을 축내고 있으므로, 위로는 거룩한 정치를 바로잡아 도와드리지 못하고, 아래로는 능히 모든 관리들을 독려하지 못하여서, 성상聖上께서 부탁하여 맡기신 중책을 저버리고, 위로 상천上天을 받들고 아래로 경계警戒를 보이는 뜻이 없으니 부끄럽기가 그지없습니다. 바라옵건대 엄격한 선발을 통하여 유능한 인재를 다시 임명하여, 한결같이 기강을 바로잡고 조정朝廷을 숙청하여 하늘이 내린 꾸짖음에 응하게 한다면 심히 다행스러울 것입니다.

구체적으로 언급하지는 않았지만 정분을 도체찰사로 보낸 것이나 대규모 불사를 일으켜 절을 중수한 것, 그리고 내시부에서 관리들의 근무태도를 감찰하게 한 것 등에 대해 수차례 상소를 했음에도 직접적인 변화가 없었으므로 이런 내용을 한꺼번에 묶어서 터트린 것이다. 이와 같은 사헌부 대간의 집단 사직상소는 예상대로 조정에 큰 논란을 일으켰다. 당황한 문종은 다음 날 사헌부 전원을 사정전思政殿으로 불러 상소한 내용에 대해 하나하나 구체적으로 묻고, 그에 대해 소상하게 해명한 후, 개의치 말고 직무에 충실해 달라고 요청한다. 그러나 승정원에서는 '좌우의 세력'이 자신들을 가리키는 말이라 하여 죄를 청하고, 의정부에서는 영의정 하연河演(1376~1453)이 "대신이 영합하여 고식적인 계책을 쓴다"는 말에 책임을 지기 위해 사직상소를 올린다. 또 뒤이어 좌찬성 김종서, 좌참찬 정갑손, 병조판서 민신, 참판 조수량 등이 "군주의 뜻에 영합한다"는 말이 자신들을 지칭한 것이라며 사직상소를 올린다. 조정의 중신들이 한꺼번에 사직하겠다고 나서는 상황이 벌어진 것이다.

문종은 이들의 사직소를 모두 반려한 뒤, 이 일련의 상황이 벌어진 데 있어 가장 직접적인 영향을 끼친 인물이 하위지라고 생각하고 그를 문책하고자 승정원承政院에 이렇게 말하였다.

> 하위지가 과거에 급제할 때 시책試策에서 대신大臣을 비방하였는데, 이제 사헌부에 있으면서도 또한 그러하였다. 정부 대신들이 한꺼번에 모두 사직하겠다고 하는 상황에서 내가 사헌부의 지나침을 책망하고자 하는데 어떠하겠는가? 그것을 의논하여 아뢰어라. (『문종실록』 4권, 즉위년 10월 29일 己亥)

그러자 승지 정이한鄭而漢과 정창손鄭昌孫, 김문기金文起, 이숭지李崇之 등이 이렇게 말하였다.

무릇 대간臺諫이란 임금과 옳고 그름을 다투는 직책에 있는 사람입니다. 이제 임금의 잘못을 말하는 것도 간혹 있을 것인데, 대신들의 잘못을 말하는 것이 없겠습니까? 하물며 지금 말하는 것이 모두 이치에 합하는 경우에야 더 말할 것이 있겠습니까? 지금 만약 이것을 잘못한 것이라고 지목한다면 후인들 중에 누가 임금의 옳고 그름에 대해 솔직하게 말할 수 있겠습니까?(『문종실록』 4권, 즉위년 10월 29일 己亥)

이렇게 승정원에서조차 하위지를 변호하고 나서자 문종도 어쩔 수 없이 물러서게 되었고, 하위지의 강직한 기개는 다시 한 번 온 조정을 떨치게 되었다. 물론 문종 역시 하위지를 싫어하거나 미워한 것은 아니었다. 문종은 처음부터 언관으로서의 곧고 직설적인 충간을 바라고 하위지를 사헌부에 임명했었고, 하위지는 인간적인 친분이나 사사로운 이해는 뒤로 하고 의리에 부합하는지에 대한 것만을 따져서 서슴지 않고 간언을 했던 것이다. 이 이후로도 하위지는 진관사津寬寺 간사승幹事僧이 공물貢物을 대납하는 일로 여러 가지 폐단이 일어나고 있고, 충청도 보은에 복천사福泉寺를 짓는 일로 도 전체가 폐해를 입고 있으므로 중지해야 한다고 하였고, 도승지都承旨 이계전李季甸(1404~1459)과 좌승지左承旨 정이한鄭而漢(?~1453)이 불사를 맡아서 감독한 공로로 상을 받은 것 등에 대해 신랄한 비판을 하였다. 문종도 불교와 관련된 일에 있어서는 명분상 문제가 있음을 알고 있었기 때문에 대부분 수긍하면서도 대강 얼버무리는 식으로 궁색한 답변을 할 수밖에 없었다. 그런 때문인지 『문종실록』에는 유독 하위지에 대한 인물평을 이렇게 남기고 있다.

> 하위지는 순수하고 정직하여 오직 공무工務만 위할 뿐, 사사로운 일은 고려하지 않았다. 세종이 재위에 있을 때에도 매번 상소를 올려 일의 폐단을 지적하니 그에 대한 대우가 매우 융숭하였다. 이제 임금께서 즉위하시자 직집현전直集賢殿의 직무로 돌아가며 직무에 대해 아뢰도록 하였는데, 해가 기울어져야만 나가니 임금께서 이를 가상히 여겨 마침내 날마다 입대入對하도록 하였다.(『문종실록』 3권, 즉위년 8월 7일 戊寅)

하위지가 사헌부장령으로 재임하면서 올린 간언 중에서는 문종에 의해 받아들여진 것도 있지만 많은 부분이 수용되지 않았다. 그럼에도 하위지에 대한 문종의 신임은 조금도 줄어들지 않았으며, 오히려 더욱 두터워졌다. 하위지 역시 사헌부에 있을 때는 사사건건 비판적 관점에서 일의 부당함을 아뢰는 데 힘썼지만, 다음 해 집현전직전集賢殿直殿(정4품)의 직무를 맡아 경연에 참여해서는 문종과 많은 대화를 하였고, 임금으로서 하고자 하는 일에 적극적으로 협조하였다.

가령 문종 1년(1451) 4월 24일 문종이 승정원承政院에 이런 전
교傳敎를 내린다.

지방 수령守令의 명을 받아 임지로 떠날 때에는 모두 내가 직
접 불러서 면대를 하지만, 수령의 직임을 마치고 교대하여 돌
아오는 자에 대해서는 불러서 만나 보는 법이 없다. 대신大臣
의 경우에는 내가 특별히 알현을 허락하는 경우가 있는데, 그
들뿐만 아니라 직임을 마치고 돌아오는 수령들도 모두 다 불
러서 만나는 것이 어떠한가? 집현전으로 하여금 옛 제도를 상
고하여 아뢰게 하라.

그러자 집현전직전으로 있던 하위지가 이렇게 아뢴다.

비록 예전의 법제에는 그러한 것이 없습니다. 하오나 바깥 지
방으로부터 수령의 직임을 마치고 돌아오는 자에게 알현을 허
락하여 지방의 실정을 물어보시는 것은 참으로 아름다운 전범
典範이 될 것이니, 옛 고사에 그런 일이 있고 없고를 상고하여
따질 필요가 있겠습니까?

이처럼 하위지는 누구보다 옛날의 법제와 의례에 해박한 지
식을 가지고 있었으나 그렇다고 해서 맹목적으로 그것을 추종하

지는 않았다. 오히려 옛날에는 없던 제도라도 그것이 현실에 맞고 백성들의 삶에 긴요한 것이라면 적극적으로 시행할 필요가 있다고 생각했던 것이다. 5월 7일의 경연에서 문종이 백성들의 삶이 곤궁하지 않고 실질적인 혜택이 돌아가도록 하고자 해도 잘 이루어지지 않음을 안타까워하자, 하위지는 이렇게 아뢴다.

무릇 백성의 부역과 조세가 다 논밭에서 나오는 것이므로 네 부류의 백성(四民) 중에서도 오직 농민의 노고가 가장 크니 참으로 불쌍히 여기고 근심해야 할 것입니다. 일 푼을 덜어 주어 일 푼의 은혜를 받게 함이 마땅합니다. 중국 한나라 문제文帝가 모든 백성을 풍족하게 만든 것은 능히 부역을 번거롭게 하여 백성을 괴롭히는 일이 없도록 함으로써 이루어진 것입니다. 근년에 민간 백성을 부리는 부역이 번거롭고도 무거우니, 신은 이를 아뢰기를 청합니다. 또 (기근이 들었을 때) 오로지 의창義倉만을 바라고 있는데, 지금의 수령들은 혹시 다 거두어 들이지 못할까를 염려하여 때에 맞추어 곡식을 나누어주지 않으므로, 백성이 이를 매우 답답하게 여깁니다. 청컨대 때에 맞게 곡식을 나누어 구휼함으로써 백성의 생명을 살리도록 하소서. 그리고 옛사람이 이르기를 "풍년이 들어도 오히려 흉년만 못하다"라고 한 것은 지금 곡식이 조금만 풍년이 들어도 문득 성 쌓는 일을 일으켜서 식량을 가지고 왕래하여 걸핏하면 몇 달을 지내게 되므로 백성이 매우 노곤하기 때문입니다. 청컨대 이제부터는 비록 풍년을 당하더라도, 한 해를 넘겨서 성을 쌓아 백성의 부담을 덜어주소서. 하삼도下三道의 각 고을에서 공물로 바치는 말린 노루와 사슴 고기는 이미 앞서 과반을 면제하기는 하였으나, 노루와 사슴이 날로 드물어져서 생산되지 않는 고을에서는 따로 민간에서 구해야 하니, 그 폐단이 작지 않습니다. 청컨대 생산되지 않는 곳을 다시 살펴서 강무장講武場에서 잡은 노루와 사슴으로 대신하여 민폐를 덜게 하소서. 백성의 삶이 편안하거나 근심스러운 것은 실로 그 고을 수령의 어질고 어질지 못함에 달려 있습니다. 근래 평안도에는 적의 변란이 일어날 것이라는 소문으로 말미암아 무재武才가 있는 자들을 뽑아서 수령으로 삼았는데, 그들이 다만 적을 방어하는 것만을 중요한 일로 생각하고 백성의 삶을 편안하게 하는 것은 도리어 중요하지 않은 일로 여김으로써 어루만지고 편안하게 함에 있어서 그 마땅함을 잃어 백성들이 편히 살지 못하는 폐해가 있습니다. 이로움을 좇고 해로움을 피하는 것은 백성들의 공통된 심정이고, 평안도의 경계가 중국과 잇닿아 동팔참東八站의 땅에 백성이 퍼져 살기 때문에 혹시 몰래 저 편을 좇는 경우가 생길 수 있으니, 참으로 염려가 됩니다. 청컨대 고을 수령의 실적을 조사할 때, 호구戶口의 많고 적음과 전야田野의 황벽荒闢함을 살펴서 관직을 올리거나 내린다

면 모두가 백성을 편안하게 하는 데 힘쓰게 되어 스스로 왕명
을 받은 책임을 저버리지 않을 것입니다.

백성의 부역을 덜어 주되 불가피하게 부역을 하더라도 때에
맞게 하고, 의창의 기능을 원활하게 하여 실질적인 도움이 되게
하며, 지역의 산물을 자세히 살펴 공물의 폐단을 없애고, 백성의
삶을 보살필 수 있는 적임자를 지방 수령으로 임명하게 된다면,
국가의 정치가 백성에게 직접적인 혜택으로 돌아갈 수 있다는 것
이다. 문종은 하위지의 충언을 가상하게 생각하고 받아들여 충
분히 반영될 수 있도록 하였다. 그런데 하위지는 형식이나 명분
에만 매여 실질적인 이익을 외면해서도 안 되고, 그렇다고 우선
의 실익에 매몰되어 멀리 바라보는 안목을 잃어서도 안 된다는
매우 개방적이고 열린 사고를 보이기도 한다. 그는 6월 16일의
경연에서 이렇게 아뢴다.

국가가 소 잡는 백정이나 기예를 파는 재인才人들을 호적에 편
입시켜 평민과 섞여 살게 하니, 후환이 염려됩니다. 백정과 평
민은 서로 혼인하지 않고 각각 스스로 구별하여 지내므로 태
평한 때에는 크게 염려할 만한 것이 없으나, 만약에 변고가 있
게 되면 반드시 떼로 모여서 난亂을 일으킬 것입니다. 이는 예
전 홍건적이나 왜구 때의 변란을 보면 알 수 있으니, 마땅히 그

법을 더욱 밝혀서 평민과 혼인할 수 있게 하여야 합니다. 또 우리나라 길의 멀고 가까움과 산천의 험하고 평탄함을 적국의 사람들이 알지 못하게 하는 것이 참으로 앞일을 헤아리는 생각이 될 것입니다. 앞서 국가가 일본 사신을 늘 하나의 길로만 왕래하게 하면 각 고을에서 영송迎送하는 폐해가 적지 않다고 생각하여 일찍이 세 갈래의 길을 정하였는데, 그 지역에 끼치는 폐해가 조금 적어지기는 하겠으나 이는 진실로 적에게 보여 주어서는 안 될 것이니, 마땅히 한 길로만 왕래하여 두루 살필 수 없도록 하여야 합니다. 만약 한 길에서 영송하는 폐해가 심하다고 생각한다면 대신에 잡역雜役을 덜어 주는 것이 옳을 것입니다.

여기에서 단순히 신분질서의 형식을 유지하는 데에만 집착하여 특정인들을 소외시킴으로써 백성들 사이의 화합을 해쳐서는 안 된다는 의식과 눈앞의 이익에 급급하지 않고 냉정하게 판단하여 일의 경중을 살피는 하위지의 통찰력을 엿볼 수 있다. 문종 역시 하위지의 생각이 옳다고 하여 그의 요청을 받아들였다.
또한 하위지는 『의례儀禮』의 중요성에 대해서도 강조하였다. 앞선 5월 7일의 경연에서 백성에게 실질적인 혜택을 줄 수 있는 방법을 아뢴 후 곧바로 이어서 이렇게 말하였다.

『의례』17편은 곧 『예기禮記』의 올바른 경經이고, 『예기』는 곧 『의례』를 설명하는 전傳이라고 할 수 있습니다. 『의례』에는 그 일을 싣고 『예기』에는 그 뜻을 풀이하였는데, 지금 다만 『예기』를 쓰고 『의례』를 쓰지 않는 것은 곧 말단을 취하고 근본을 버리는 것입니다. 예학禮學을 쓰지 않는다면 그만이지만, 폐기할 수 없다면 『의례』를 아울러 쓰는 것이 마땅합니다. 『예기』와 함께 강독講讀하고 과거시험에서도 아울러 쓰는 것이 마땅합니다. 다만 『의례』는 사람들이 드물게 가지고 있으니, 청컨대 널리 간행해서 한결같이 『예기』와 함께 강독하도록 하고, 과거에서도 『예기』와 아울러 시험하게 하소서.

잘 알려져 있듯이 『예기』는 사서오경 가운데 하나로 유학의 중요 경전이다. 그런데 이 『예기』는 예와 관련된 이론적 근거와 의미를 주로 서술한 것이고, 실질적인 예제는 『의례』에 기초하여 정하는 경우가 많기 때문에 『의례』를 과거의 필수과목으로 정하여 많은 사람들이 익힐 수 있도록 해야 한다는 것이다. 하위지가 예법을 강조하고 누구보다 예론에 탁월한 식견을 지니고 있었던 사실은 세종조에서도 여러 번 드러났는데, 이는 고대의 예제에 대해 오랫동안 계속해서 연구해 왔기 때문이다. 문종 때에도 예제와 관련하여 세종의 상중에는 3년간 음악을 익혀서는 안 된다는 등의 주장을 펼쳐, 혼자 연습하는 독조獨調는 가능하나 합주合

祭는 불가하다는 결정을 이끌어 내었다. 문종은 예론에 대한 그의 식견을 존중하여 8월 22일에는 종묘에 위패를 봉안하는 의식을 정하는 『부묘의祔廟儀』를 교정하는 데 참여하도록 명하기도 한다.

문종 1년(1451) 10월 24일, 문종은 군진軍陣을 세우고 승패와 진퇴의 형세를 첨부하여 『역대병요歷代兵要』를 친히 편찬하고 대신들에게 보여 주면서 삭제해야 할 부분과 보태야 할 부분에 대한 의견을 구하였다. 그러자 좌찬성左贊成 김종서金宗瑞가 하위지에게 이 일을 맡겨 교정하게 할 것을 청하였다. 그리하여 문종은 하위지를 불러 교정하도록 하였다. 이 『역대병요』의 편찬은 세종 26년(1444)부터 진행되어 왔던 것인데, 이제 문종이 다시 교정하도록 명을 내렸고 단종 원년(1453)에 가서야 비로소 완성을 보게 된다. 이 일의 총책임자는 수양(진양)대군이었으며, 『역대병요』가 완성된 후 수양대군의 요청으로 수찬修撰에 참여한 모든 사람들에게 품계를 올려 주는 상을 내리게 되는데, 유독 하위지만 상을 받을 수 없다고 하여 큰 논란이 일어난다. 자세한 상황에 대해서는 뒤에서 다시 살펴보기로 하겠다.

문종 2년(1452) 2월 6일 하위지는 세종의 조문을 위해 파견된 일본 조문사弔問使를 맞이하는 선위사宣慰使가 되어 한양을 떠나 경상도로 향한다. 사실 하위지가 선위사가 된 것은 그 전해(1451) 10월 15일이었다. 집현전직전은 품계가 정4품이었으므로 3품 이상에게만 호칭할 수 있는 '선위사'가 되지 못하고 '선위별감宣慰別監'의 호칭을 쓸 수밖에 없었다. 이에 승정원에서 "이전에는 일본국 사신이 오면 모두 선위사를 보냈던 것을 저들이 이미 다 아는데, 이제 별감別監이라 호칭한다면 저들은 반드시 낮은 관직이라 여길 것입니다. 지금 하위지는 직책이 3품이 아닌 까닭에 별감이라 호칭하니, 다시 의논하여 시행하는 것이 옳겠습니다"라고 하였다. 즉 일본 사신들이 자신들을 홀대한다고 오해할 수 있으므로 다른 사람을 임명하는 것이 좋겠다는 것이다. 하지만 문종은 관행을 깨고 "하위지가 비록 4품이기는 하지만 그대로 '선위사'로 부르도록 하라"라며 하위지에 대한 각별한 신임을 보인다. 그리고 2월 6일 하위지가 경상도로 출발하기 전 하직하러 오자 문종은 그에게 특별히 당부의 말을 남긴다.

이웃 나라와 교제하는 것은 매우 중요한 일이다. 특히 잘못된 오해가 생기기가 쉬우니, 이웃 나라 사신을 대접할 때에는 모름지기 후하게 대접해 주면서 정직해야 한다. 위에서는 매번 후하게 대접하려고 하는데도 정작 일을 맡은 관원들이 수시로 억제하려고 하니, 후일에 폐해가 발생하지 않을까 염려된다. 만약 폐해가 되는 일이 생기면 참으로 곤란해지므로 무릇 모든 대접을 최대한 후하게 하도록 하라.

문종은 하위지의 강직하고 굽힐 줄 모르는 성품을 누구보다 잘 알기 때문에 혹시 일본 사신과 마찰이 있을까 염려하여 일부러 이런 당부까지 한 것이다. 일본 사신 일행은 하위지의 안내로 궁궐에 들어온 후 세종의 혼전魂殿에 배례하기 전에 문종에게 먼저 배례를 하라는 일본 국왕의 명을 받았다고 하는데, 하위지는 "선왕보다 먼저 배례를 받는 것은 차마 할 수 없는 일"이라는 것이 우리 임금의 뜻이라고 하여 이를 제지하였다. 그리고 다음 날에는 왕명은 아니지만 사사로이 세종의 위패에 분향하고자 하는 사신에게 왕명이 아닌 사사로운 분향은 할 수 없다고 막는다. 하지만 경우에 따라서는 최대한의 호의를 베풀어『대장경大藏經』의 빠진 부분을 채워 달라는 요청에 대해 예조禮曹에 말하여 보충해 줄 수 있도록 하는 등 세심하게 대접하기도 하였다. 이처럼 하위지는 선위사로서 문종의 당부대로 사신 일행을 최대한 후의로써 대우하되 도리에 어긋나는 부분에 대해서는 분명한 태도를 보임으로써 자신의 임무를 다하였다.

　　이즈음에 문종은 몸이 쇠약하여 병석에 눕는 일이 잦았다. 자신의 운명이 다 되어 간다는 것을 직감한 문종은 어린 세자의 장래를 걱정하지 않을 수 없었다. 문종은 우선 인사를 단행하여 대신들 중에서는 황보인을 영의정으로, 그리고 김종서를 우의정으로 임명하여 의정부 중신들을 중심으로 세자를 보호할 수 있도록 조치하였다. 그리고 자신이 세자로 있을 때부터 친밀하게 교유하며 학문적으로나 인간적으로 가장 믿을 수 있는 집현전 사람들에게 후일을 당부하고자 하였다. 문종은 병으로 누웠으면서도 집현전의 여러 학사들을 불러 밤늦게까지 강론하고, 세자의 등을 어루만지며 "내가 이 아이를 그대들에게 부탁하노라" 하고는 술을 내려 직접 그들에게 따라 주었다. 여러 신하들이 술에 취하여 쓰러지자 담비 털로 만든 갖옷(貂裘)을 가져오게 하여 직접 덮어 주었다. 새벽에 신하들이 깨어나 이 사실을 알고는 모두가 눈물을 흘리면서 죽을 때까지 임금의 은혜에 보답할 것을 맹세하였다. 수년 전 세종의 당부에 이어 문종의 눈물 어린 부탁을 직접 몸으로 겪은 이들이기에 후일 수양대군의 왕위찬탈에 맞서 자신의 안위를 돌보지 않고 목숨으로써 단종을 보위하려 하였던 것이다.

그해 5월 14일 문종은 결국 39세의 젊은 나이로 승하한다. 하위지는 자신의 성품을 높이 평가하고 또 친구처럼 허물없이 자신의 직간을 수용해 주었던 문종의 죽음에 크게 상심한다. 그러나 아직 선위사로서의 책무가 남아 있었으므로 마음껏 슬퍼할 겨를조차 없이 한동안 사신을 관리하고 호송하는 자신의 임무를 다하였다. 그리고 무엇보다 아직 어린 임금을 보호하고 올바르게 이끌어 가는 일에 성심을 다한다.

하위지의 나이 41세인 1452년 5월 18일, 문종의 뒤를 이어 아직 12세의 어린 나이인 단종이 즉위한다. 단종의 이름은 홍위弘暐이며, 1441년(세종 23) 당시 세자였던 문종과 현덕왕후顯德王后

권씨權氏 사이에서 출생하였다. 그런데 태어나자마자 모후인 현덕왕후가 승하하여 세종의 후궁인 혜빈양씨惠嬪楊氏의 손에서 자랐다. 8세 때 왕세손에 책봉되었고, 1450년 문종이 즉위하자 곧바로 세자로 책봉되었다.

그런데 단종이 왕위에 오르게 되자 현실적인 문제가 생겨났다. 왕위승계 자체는 오래전부터 준비되어 왔던 것이라 명분상으로도 아무런 문제가 없었다. 하지만 나이가 너무 어리다는 것이 문제였다. 게다가 무엇보다 큰 문제는 이 어린 임금이 장성할 때까지 든든하게 지켜 줄 사람이 왕실 내부에 없다는 것이었다. 조선조에 와서는 아직 수렴청정垂簾聽政의 제도가 정착되지 않은 데다가 막상 하려고 해도 대비나 왕대비, 대왕대비 등 수렴청정을 할 만한 사람이 아무도 없었기 때문이다. 아직 성혼을 하지 않아 왕비조차도 없었던 단종은 결국 처음부터 혼자서 직접 모든 정사를 돌보아야 했다. 단종의 즉위교서即位敎書를 보면 당시 정치 상황의 일단을 살펴볼 수 있다.

공손히 생각하건대 우리 태조께서 하늘의 밝은 명령을 받아 나라를 창건하시고 태종과 세종께서 선왕의 업을 이어 받아 빛내고 넓혀 문치文治로 태평성대를 이루었다. 선왕께서 성덕과 지극한 효성으로 큰 기업을 가다듬어 정치를 하며 원대한 것을 도모하였는데, 불행하게도 임금이 되신 지 얼마 되지 않

단종의 묘소인 장릉

장릉의 단종비|端宗碑

장릉의 신도神道

정자각. 단종의 제를 올리는 곳으로 모양이 정자丁字라 해서 정자각이라 불리며 배위청拜位廳이라고도 한다.

아서 갑자기 여러 신하를 버렸으니 땅을 치고 울부짖어도 미칠 수 없어 애통함이 망극하다. 돌아보건대 대위는 오래 비워둘 수 없어 1452년 5월 18일에 즉위하노라. 생각하건대 소자가 어린 나이에 외로이 상중에 있으면서 여러 방면의 정사를 조처할 바를 알지 못하니, 조종의 업을 능히 담당하지 못할까 두려워하며, 연못 위의 얼음을 건너는 것과 같이 염려되고 두렵다. 모든 사무를 매양 대신들에게 물어 한결같이 열성列聖의 헌장에 따라서 백성들의 가난과 어려움을 크게 구제하기를 바라니, 모든 대소신료는 각각 직책을 삼가고 힘써 나의 정치를 보좌해서 좋은 결과가 있도록 하라. 마땅히 해야 할 일들을 뒤에 조목조목 열거한다.

일, 명나라 경태景泰 3년(1452) 5월 18일 새벽녘 이전부터 모반謀反, 대역, 모반謀叛, 자손으로서 조부모와 부모를 모살하거나 폭력을 행사한 것과 처첩으로서 남편을 모살한 것, 노비로서 주인을 모살한 것, 고의로 살인한 것, 고독염매蠱毒魘魅(독이나 주술 등 사악한 방법으로 사람을 죽이는 것)한 것, 강도를 범한 것을 제외하고, 이미 발각되었거나 아직 발각되지 않았거나, 이미 결정되었거나 아직 결정되지 않았거나 모두 용서하여 면책한다. 감히 유지 이전의 일로써 서로 고하여 말하는 자는 징벌로써 다스리겠다.

일, 여러 고을의 백성들이 받은 의창의 곡식은 각각 인원수에서 3분의 1을 감하여 민생을 소생시킨다.

일, 임자가 없는 빈 땅의 체납된 조세나 창고에서 축이 난 곡식 등에 대한 일체의 추징금을 감면한다.

일, 감옥 속의 괴로움이란 하루를 일 년같이 지냄이니, 원통하고 지체됨이 있어 혹 화기를 상할까 염려된다. 모름지기 급히 억울한 사람을 구하고 분별하여 오래 체류하게 하지 말고, 그 중에 마땅히 가두어 두어야 할 자도 또한 잘 보호하여 큰 추위와 더위, 장마에 병이 나서 옥중에서 죽는 일이 없게 하라.

일, 각처의 외롭고 의지할 데 없는 백성과 악성질환이 있는 자는 어진 정사의 우선되는 것이니, 조정 안팎의 관리들은 이들을 극진히 구제하여 살 곳을 잃지 않도록 하라.

일, 효자와 열녀는 내외의 모든 관리들이 그 실적을 명백하게 갖추고 계품하여 정표旌表를 내리도록 하라.

일, 변방을 수비하고 농사에 힘쓰는 것 외에 안팎으로 긴요하지 않은 모든 공역工役과 일체의 재정지출을 모두 파하여 정지하도록 하라.

일, 부역을 균등하게 하는 것은 민정의 중요한 일인데, 모든 차역하는 관리들의 일하는 것이 한결같지 못하여 부유하고 세력이 있는 자는 면하고, 고아나 과부가 오로지 그 괴로움을 받으니 내가 심히 불쌍하게 생각하노라. 이제부터 감히 전과 같이 불공평하게 하는 자가 있다면 감사가 규찰하여 다스릴 것이다.

일, 농상과 학교는 왕정의 근본이니 수령들은 허위의 발언을 일삼지 말고, 독려하고 힘써서 실효를 보게 하라.

일, 각 도의 절제사, 처치사處置使 및 변경의 진수관鎭守官은 힘써 병마를 조련하고 군사를 관리하며, 항상 조심스럽게 지키도록 노력하여 일체의 방어 사무를 조금이라도 게을 리하는 일이 없도록 하라.

일, 관찰사는 법으로는 한 방면을 영솔하고 직책은 등용과 축 출을 오로지 하는 것이다. 관찰사가 하위 지방관들을 위로 하고 사랑하는 것이 방법에 어긋나 탐하고 방종하여 법대 로 하지 않으며, 백성을 병들게 하고 다스림을 해치는 자는 엄벌을 가할 것이다.

일, 내가 이제 어리고 학문이 성취되지 못하여 예전의 상중喪 中에 있던 대로 예禮의 글을 읽음에 있어서 비록 빈소 옆에 있더라도 학업을 폐하지 않을 것이다. 과인이 항상 경연관 과 함께 있으면서 상례喪禮를 읽고 날마다 경연 대신과 같 이 강론에 힘쓰겠다.

일, 고사古事의 정사는 모두 중국 서적에 나와 있는데, **내가 어 리고 해야 할 일을 잘 모르니 모든 일은 의정부, 육조와 더**

불어 의논하여 시행하겠다.

일, 전에 육조에서 직접 아뢰던 공사를 지금부터는 모두 의정
부에 보고하여 계문하고 시행할 것이다.

일, **당상관 이상의 관원과 대간臺諫, 정조政曹, 국가 방어에 긴
하게 관계되는 변경의 장수와 수령의 관직을 제수하는 것
은 모두 의정부, 정조와 함께 의논하여 시행**하고 그 나머지
3품 이하의 관직을 제수하는 것도 또한 모두 살펴서 논하
라. 무릇 관직을 제수할 때는 내가 사사로이 가까운 자를
쓰지 않고 공론대로 하겠다. 만일 **특지로 제수할 자가 있
으면 반드시 정부 대신에게 의논하여 모두 가하다고 말한
연후에 제수**하겠다.

일, 대소를 불문하고 죄에 대한 처단은 조정에서 의논한 연후
에 내가 친히 결단할 것이며, 측근의 사사로운 청으로 가볍
게 하거나 중하게 하지 않을 것이다.

일, 이미 이루어지고 있는 관례나 따로 따질 필요가 없이 항상
행할 수 있는 일체의 잡다한 일을 제외한 나머지 공사는 승
지로 하여금 면대하여 아뢰게 할 것이다. 그 중에서도 다시
상량하고 가부할 일이 있으면 반드시 조정 대신과 친히 의
논하여 결정하겠다.

일, 승정원의 직책은 왕명의 출납을 맡게 되는데, 관계되는 일
이 가볍지 않으니 누구든 일체 사사로운 일은 아뢰지 말도

록 하라.

일, 언로言路가 열리고 막히는 것은 국가의 안정과 혼란에 관계되는 것이니, 대간이 말하는 것과 여러 사람이 진언하는 것을 아울러 받아들이고, 비록 하는 말이 이치에 맞지 않다 하더라도 너그러이 용납할 것이다.

일, 대소신료들이 사사로이 붕당을 만들어 자신들의 편에 불리한 공무를 폐하고 사삿일을 따르거나 혹 사악한 말을 일으켜 시비를 어지럽게 하는 것은 조정과 왕실에 도움이 되지 않고 자기에게도 해로움이 있으니 이것은 예나 지금이나 크게 경계하는 것이다. 만일 범하는 자가 있으면 반드시 벌을 내리고 용서하지 않을 것이다.

일, 군사를 맡은 대신의 집 군사는 진퇴시키지 못하며, 반드시 육조의 법전에 의해서만 할 것이니, 이를 어기는 자는 사헌부가 엄벌할 것이다.

일, 이조와 병조의 집권자를 대상으로 분경奔競을 금하는 것은 이미 정해진 법령이 있다. 다만 서무를 헤아려 의논하는 정부의 대신들은 분경을 금하는 일이 없기 때문에 무뢰한 무리들이 사사로이 가서 청탁하는 폐단이 많다. **지금 이후로는 모두 집정가執政家들의 분경하는 예에 의하여 시행**할 것이며, 공적인 업무로 진퇴하거나 출사하는 자만 예외로 둘 것이다.

일, 상례를 제외하고 무릇 특사할 일이 있으면 비록 작은 것이
라도 반드시 의정부에 의논한 뒤에 행할 것이다.

일, 기교가 필요하거나 진귀한 물건은 진상하지 말 것이며, 대
소신료가 전례에 의해 사은, 하직, 복명, 문안하는 등의 일
외에 사사로운 일로 대궐에 나와 인연으로 계달하는 자는
반드시 유사에 붙이고 절대 용서하지 않을 것이다.

아! 새로 천명을 받아 특별히 비상한 은혜에 젖었으니, 길이 기
쁨을 누릴 것이며, 무강한 복을 넓히기 바라노라.

단종의 이 즉위교서는 허후許詡(?~1453) 등이 중심이 되어 작
성한 것으로 알려져 있는데, 내용을 살펴보면 왕은 상징적인 존
재로서 명목만 있을 뿐이고, 모든 실권은 의정부와 육조에서 행
사하도록 되어 있다. 이것은 전제군주의 권한을 약화시키고 신
권 중심의 정치체제를 꿈꾸었던 조선 초기 정도전鄭道傳의 정치
적 이상을 떠올리게 하는데, 문제는 모든 권력이 황보인과 김종
서 등의 의정부로 집중되면서 다른 조정 신료들의 위상이 오히려
약화되는 상황이 발생했다는 점이다. 물론 이들은 어린 단종을
보위하라는 문종의 고명顧命을 받고 이에 따라 어린 단종을 위협
할 수 있는 요소들을 사전에 차단한다는 명분을 내세웠지만, 황
표정사黃標政事로 대표되는 인사권의 전횡은 많은 사람들의 불만

과 의심을 낳게 하였다.

　황표정사란 관리를 임명할 때 이조에서 몇몇 대상자를 추천하면 의정부에서 이 가운데 한 사람에게 노란색의 점을 찍어 표시한 후 왕에게 보내고 왕은 표시된 사람을 임명하는 방식으로 관리들의 인사가 이루어지는 것을 말한다. 단종이 아직 어리고 관리들의 성품이나 능력을 알지 못하므로 합당한 결정을 할 수 있도록 도와준다는 명분하에 실제로는 황보인과 김종서가 발탁한 사람이 등용될 수 있도록 한 것이었다. 하위지와 성삼문, 박팽년 등은 이에 대해 비판적인 생각을 가지고 있었으나, 아직 단종에게 직접적인 위해를 끼치지는 않았고, 또 어느 정도 종친과 대군들의 세력을 견제할 필요가 있다는 현실적인 문제로 인해 직접적인 표현은 하지 않았다. 이 황표정사는 단종 원년(1453) 2월 사은사로 명나라에 갔다가 귀국한 수양대군에 의해 곧바로 폐지되었다.

　황표정사의 시행과 폐지는 당시 정치권력의 지형도를 선명하게 보여 주는 사례라고 할 수 있다. 즉 어린 단종을 두고 황보인, 김종서를 중심으로 한 세력과 수양대군을 중심으로 한 종친세력이 첨예하게 대립하고 있는 상황이었던 것이다. 수양대군은 세종의 둘째 아들로 태종 17년(1417)에 태어났으며, 이름은 유瑈이고, 자는 수지粹之이다. 처음에는 진양대군晉陽大君에 봉해졌다가 세종 27년(1445) 절의를 지키기 위해 수양산으로 들어간 백이·숙제와 같이 되라는 의미에서 수양대군首陽大君으로 개칭하여 봉해졌다. 타고난 재질이 영특하고 명민하여 학문과 무예가 모두 특출했다고 하는데, 세종 때부터 궁중의 여러 일에 참여하였다. 세종의 명을 받고 궁중에 불당을 설치하는 일에 핵심적인 역할을 하였고, 불서를 번역하고 향악의 악보를 정리하는 일에도 관여하였으며, 『역대병요』 편찬의 책임도 맡았다. 세종 말년에 명나라 사신이 왔을 때, 마침 세종과 당시 세자였던 문종이 모두 병으로 자리에 눕게 되자 수양대군이 대신하여 사신을 맞이하고 접대하는 책임을 맡기도 하였다. 문종 대에 와서는 관습도감慣習都監 도제도에 임명되어 본격적으로 국가의 실무를 담당하게 되었는데, 단종이 즉위하자 본격적으로 왕위에 대한 야망을 품고 사방에서 인재를 끌어 모으며 힘을 길렀다. 김종서 등 대신들이 이런 낌새를 알아채고 수양대군을 견제하려 하였는데, 마침 명나라에서 단종의 즉위를 인정하는 고명誥命과 비답批答이 내려왔다. 이때 수양대군은 자청하여 명나라의 고명에 대한 사은사로 가겠다고 나섬으로써 대신들의 견제를 피하게 된다.

사실 수양대군이 사은사에 자청한 것은 고도의 정치적인 책략이라고 할 수 있다. 대외적으로는 단종 즉위 초에 자신은 왕위에 대한 욕심이 없다는 것을 보여 줌으로써 반대 세력을 안심시켜 운신의 폭을 넓혔고, 내부적으로는 권람權擥(1416~1465)·한명회韓明澮(1415~1487)·홍달손洪達孫(1415~1472) 등을 통하여 은밀하게 동조세력을 규합하도록 하였다. 또 황보인과 김종서가 함부로 행동하지 못하도록 그들의 아들인 황보석皇甫錫(?~1453)과 김승규金承珪(?~1453)를 명나라 사행使行에 동행시킴으로써 불의의 상황에도 대비하였다. 그런데 이 사행에서 얻은 무엇보다 큰 성과는 신숙주申叔舟를 확실하게 자신의 편으로 끌어들였다는 것이다. 그전까지 신숙주는 다른 문신들과 같이 수양대군보다는 안평대군과 더 친밀한 관계에 있었으며, 집현전 학사 출신으로서 세종과 문종의 총애를 받았고, 특히 문종으로부터 세자(단종)를 지켜 달라는 특별한 당부를 받기도 하였다. 하지만 몇 달간 수양대군과 동행하면서 그의 야망과 능력을 발견하고, 뜻을 함께하기로 결심하였다. 처음 수양대군이 사행의 종사관從事官으로 신숙주를 발탁한 것 자체가 이미 그를 회유하기 위한 것이기도 하였다. 이 인연으로 인해 신숙주는 개인적으로는 부귀와 영화를 누렸고, 또 국가적으로 많은 업적을 남기기도 하였으나, 1442년 하위지 · 성삼문 · 박팽년 · 이개 등과 함께 일 년여의 시간 동안 사가독서賜暇讀書를 할 때 서로 시를 지어 평생 도의를 지키자는 맹세를 혼자 저버림으로써 후대의 사람들에게 배신자 또는 변절자라는 오명을 쓰게 된다.

명나라에서 돌아온 수양대군이 단종을 알현하고 황표정사를 폐지한 후 얼마 지나지 않은 단종 원년(1453) 3월 15일의 조정 인사에서 하위지는 집의執義(종3품)로 승진하여 다시 사헌부로 들어간다. 이때 김종서의 장자인 김승규金承珪가 중훈대부中訓大夫 (종3품)로 승진하여 전농윤典農尹이 되었고, 황보인의 장자인 황보석皇甫錫은 조산대부朝散大夫(종4품)로 승진하여 사복소윤司僕少尹이 되었는데, 사실 이들은 고명사은사誥命謝恩使로 명나라에 다녀 온 수양대군을 수행한 공로를 인정받은 것이었으나 『단종실록』에 서는 이조판서 허후가 황보인과 김종서 등 두 재상에게 아부하기 위해 승진시킨 것이라고 폄하하여 기록하였다.

4월 20일에는 성삼문과 하위지를 비롯하여 10여 사람에게 한 자급資級씩 품계를 더하여 주었는데, 이는 형식상으로는 『역대병요』의 수찬에 참여한 공을 인정하는 것이었으나 실제로는 수양대군의 주청에 따른 것으로, 수양대군이 신숙주에 이어 하위지 · 성삼문 등 집현전 출신 관료들을 회유하기 위한 일종의 유화 책을 쓴 것이었다. 하위지는 이것이 수양대군의 술책임을 알아 채고 곧바로 유성원으로 하여금 『역대병요』의 수찬은 작은 일에 불과하므로 상을 내릴 필요가 없다는 상소를 올리게 하지만 받아 들여지지 않는다. 그러자 4월 22일에 직접 상소를 올려 명령을 받들 수 없음을 아뢴다.

> 『역대병요』의 수찬에 참여한 사람들에게 모두 자급資級을 더
> 해 주도록 명하시니, 신 또한 더불어 상을 받게 되었습니다. 하
> 온데 신은 이 책을 편찬하는 데 있어 진실로 상을 받을 만한 공

적이 없습니다. 집현전이란 본래부터 책을 만드는 곳이므로 책을 고증하고 검열하는 것은 바로 그 직분職分이 그러한 것입니다. 듣자하니 수양대군이 직급을 높이도록 의논하여 아뢰었다고 합니다. 대저 상을 주고 작위를 내리는 것은 국가의 공적인 일이므로 가볍게 시행해서는 안 되는 것입니다. 하물며 "일체의 사사로운 일은 아뢰지 말라"는 교지가 이미 내려졌음에도 불구하고 종실宗室에서 계속해서 아뢰어 사사로운 은혜를 베풀고자 하는 것은 매우 부당한 것입니다. 청하옵건대 이 명을 거두어 주시옵소서.

하위지가 상을 받을 수 없다고 한 것은 표면적으로는 본래의 직분에 따라 주어진 일을 했을 뿐이기 때문이라고 했지만, 보다 중요한 실질적인 이유는 그 상이 수양대군으로부터 나온 것이기 때문이었다. 수양대군이 사은사가 되어 명나라로 가기 전에『역대병요』를 수찬한 사람들에게 상을 내릴 것을 건의했으나 의정부에서 논의한 결과 저지되었다. 명나라에 다녀 온 수양대군은 크게 화를 내며 "쌀 한 섬을 나르고, 나무 한 그루를 옮겨 심은 사람도 직급을 높여 주었는데『역대병요』를 수찬한 공을 어찌 그 아래에 둘 수 있는가?"라고 하였다. 그 바람에 다시 논의가 되어 수찬에 참여한 사람들에게 상을 내리게 된 것이다.

이 과정을 잘 알고 있었던 하위지는 이러한 수양대군의 행사

가 군왕의 지위를 심각하게 훼손할 위험이 있다고 본 것이다. 그
래서 어떻게든 명을 돌이키고자 하였으나 단종은 이미 내린 명이
거니와 문종께서 친히 지으신 책이니 상을 내릴 만한 공이 있다
고 하면서 받아들이지 않았다. 그러자 하위지는 일단 물러나서
다시 장문의 상소를 올린다.

이달 20일에 신을 중직대부中直大夫로 삼는다는 명을 내리심
에 그 사유를 알지 못하여 감히 은혜를 받아들이지 못하였는
데, 이어서 들으니 수양대군이 『역대병요』를 수찬한 공적을
논하여 아뢴 때문이라 하니, 황공하고 놀라워서 몸 둘 바를 모
르겠습니다. 가만히 생각하건대, 그때 『역대병요』를 수찬하는
데 종사한 사람들은 모두 따로 기록할 만한 공이 없으며, 신은
더더욱 수고한 것이 없습니다. 또 종친이 아뢴 것으로 인하여
외람되게 특별한 은혜를 받는 것은 의리에도 결코 옳지 않습
니다. 신이 이러한 마음으로 내리신 명령을 거두어 주시도록
애걸하였으나 윤허를 얻지 못하였으니, 지극히 부끄럽고 두려
운 마음을 이길 수가 없습니다.
대저 작위를 내리는 것은 국가의 공적인 것이고 임금의 큰 권
한입니다. 공적인 것이기 때문에 임금이라도 가볍게 시행할
수 없으며, 큰 권한이기 때문에 신하들이 감히 가볍게 의논하
지 못하는 것입니다. 이와 같이 엄하게 적용해서 백성을 방비

하더라도 오히려 좌우의 근신들에게 연줄을 대서 집안이 저자처럼 붐빈다는 백성들의 탄식이 있는데, 하물며 아랫사람이 가볍게 의논하는데도 금하지 않거나 위에서 가볍게 시행하고 중하게 여기지 않아서 앞서 그것을 방지하지 않는다면 그 폐단은 장차 어떻게 되겠습니까? 세종대왕께서는 일찍이 작위를 내리는 것을 매우 중하게 여겨서 비록 한 자급資級이라도 가볍게 내리지 않았습니다. 제조관提調官에서 낭청郎廳을 추천하여 쓰는 데에도 오히려 금하고 막는 것이 있었으니, 은혜를 베푸는 권한이 아랫사람으로 옮겨 갈까 두려워한 것이고, 그 후세를 위하여 멀리까지 염려하신 것입니다. 또 인재를 천거하여 올리는 것은 대신의 직분이지만 옛날의 어진 대신들은 오히려 천거한 사실을 그 사람이 알까 봐 두려워하고, 그 은혜가 자기에게서 나왔다고 생각할 것을 두려워하였습니다. 더구나 종실의 존장으로서 이와 같은 짓을 감히 행하여 공공연히 사람을 추천하여 올린다면 그 은혜가 누구에게서 나온 것인지를 보이려고 하는 것입니까? 종실로서 처신하는 도리가 크게 어그러진 것입니다.

이번에 직급을 높인 사람 중에는 경연에서 시종한 사람들이 많으니, 신과 같은 사람은 아무 공로가 없는 데다가 또한 대간臺諫의 관직에 있습니다. 시종하는 관직에 있는 사람도 종친에게서 사사로이 인정을 받는 것은 진실로 대체에 어그러짐이 있는데, 하물며 사헌부의 규탄하는 자리에 있으면서 감히 모른 척하고 관직에 나아가는 것은 더욱 옳지 못한 것입니다. 비록 스스로는 애석하지 않다고 하더라도 나아가 조정을 욕되게 하는 것은 어찌하겠습니까? 비록 전하께서 하교하시면서 "대신들과 의논하였다" 하시지만, 그러나 일에 잘못된 것이 있으면 대신들이 더불어 아는 것이라 하더라도 서둘러서 급히 고치지 않으면 안 될 것입니다. 또 전하의 하교에서 "가서 너의 직무를 다하라" 하시지만 일의 형체가 이와 같으니, 신은 의리상 감히 교지를 받들 수가 없습니다. 엎드려 바라옵건대, 상감께서 유의하시어 굳건한 용단을 내려 즉시 내리신 명령을 거두시고, 공도公道를 밝히고 공선公選을 엄하게 하여 요행을 바라는 문을 막으소서.(『단종실록』 6권, 1년 4월 22일 己酉)

결국 이 사건의 본질은 수양대군이 이런저런 핑계로 많은 사람들에게 은혜를 베풀고 이로써 그들을 회유하여 사람들을 모으고 자신의 권력을 강화함으로써 궁극적으로 대권을 차지하고자 하는 욕망을 하위지가 꿰뚫어 보고, 미리 경계함으로써 이를 저지하려 한 것이다. 하위지의 강력한 반발에 부딪친 수양대군은 내심 매우 당황하면서 품계를 올린 것은 자신의 뜻이 아니라 임금의 뜻이었다며 이렇게 변명을 한다.

『역대병요』를 수찬한 사람들에게 직급을 더하여 높인 일은 비록 내가 이를 아뢰기는 하였으나 나의 사사로운 감정에 의한 것이 아니었다. 춘추관春秋館에서 역사를 수찬한 사람에게는 영춘추관사領春秋館事와 감춘추관사監春秋館事가 아뢰어서 직급을 올려 주는데, 『치평요람治平要覽』을 찬집한 사람에게는 판원사判院事 정인지鄭麟趾가 여러 번 천거하여 가자加資하는 것을 내가 눈으로 보았다. 또 의서醫書와 여러 서책의 글자를 베껴 쓴 사람들에게 가자한 것도 모두 전례가 있다. 『역대병요』는 세종께서 이를 시작하고 문종께서 계승하여서 나에게 명하여 총괄하도록 하였으므로, 내가 집현전에 출사하여 드나들면서 왕의 교지를 받들고, 이 무리들이 밤낮으로 비교하고 대조함으로써 이 책이 이루어졌기 때문에 예전의 관례에 따라 아뢴 것이다. 이제 사헌부에서 이러한 뜻을 알지 못하고, 나에게 사사로운 감정을 품고 계달하여 은혜를 자기에게 돌아오게 한다고 하니 황공하기가 끝이 없다. 모름지기 성상께 자세히 아뢰고 이를 사헌부에 전하여 그들로 하여금 이러한 뜻을 알게 하라.(『단종실록』 6권, 1년 4월 24일 辛亥)

이 일로 인해 수양대군은 하위지를 포섭하려는 계획을 포기하고, 노골적으로 자신의 뜻에 반대하는 하위지에게 앙심을 품는다. 그러면서 이미 올려준 자품을 다시 원래대로 돌리는 것은 엄청난 정치적 부담이었으므로 하위지의 반대에도 불구하고 끝까지 밀어붙인다. 한 번 밀리면 자신의 위상이 회복될 수 없는 타격을 입게 될 것이고, 지금까지 준비해 온 일들이 수포로 돌아갈 것이기 때문이다. 그리하여 자기 휘하의 모든 신료들을 동원하여 『역대병요』를 수찬한 사람들의 자품을 올린 것은 합당한 것이라는 여론을 만들어 일을 마무리하고자 하였다. 하지만 하위지는 끝까지 포기하지 않았다. 4월 24일에는 성삼문도 합세하여 자신에게 내린 상급이 정당하지 않으므로 거두어 달라는 상소를 올리고, 하위지도 다시 한 번 간곡한 상소를 통해 사직을 청한다.

> 신은 종친이 아뢰었기 때문에 특별히 가자를 받았으나, 이는 큰 원칙에 어그러짐이 있는 까닭에 소장을 올리어 사면하기를 빌었던 것입니다. 성상께서 곧 명하시어 직임에 나아가도록 하셨으나 사헌부의 직임은 보통 관원들과는 다른 것이니 뻔뻔스러운 얼굴로 직무에 나아가는 것은 마땅치 않습니다. 본래 사헌부란 잘못을 규탄하는 곳이니, 자신의 몸이 바른 다음에야 다른 사람을 바로잡을 수가 있습니다. 종친의 아룀 때문에 부당한 직을 받았으니, 신이 비록 죄를 받는다고 하더라도 감히 직무에 나아갈 수가 없습니다.

단종은 끝내 하위지의 뜻을 받아들이지 않는다. 하위지가 염려한 것은 수양대군이 종친의 위세를 업고 군왕의 고유 권한인 인사에 마음대로 간섭하여 집현전 학사들마저 농단하려 한 것이 었으며, 이는 조정의 근간을 위협하는 것이므로 반드시 바로잡아야 한다는 절박한 심정을 가지고 있었다. 4월 25일 단종이 하위지의 사직소를 되돌려 주면서 "내가 이미 너의 뜻을 알고 있으니 염려하지 말고 직임을 맡으라" 하며 출사할 것을 명하자 하위지는 마지막으로 단종을 직접 면대하여 마음에 품은 생각을 아뢸 수 있도록 해 달라고 요청하였다.

무릇 공무에 잘못이 있는 사람은 혐의가 풀릴 때까지 자리를 피하는데, 이제 신은 피혐避嫌하는 것이 아니고, 마땅히 받아서는 안 될 명을 받았기 때문에 감히 직임에 나아가지 못하는 것일 뿐입니다. 비록 멀리 떨어져 있는 신하라 하더라도 진실로 품은 생각이 있으면 마땅히 아뢰지 않을 수 없는데, 신이 비록 무능하지만 외람되이 임금의 눈과 귀가 되는 직임을 맡고 있어서, 한 번 성상의 앞에 이르러서 품고 있는 생각을 두루 아뢰려고 하는데도 할 수 없다는 것입니까? 언관言官의 직책에 있는 자가 비록 임금의 과실을 간언하더라도, 진실로 세 번 간해서 듣지 않으면 물러가는데, 하물며 신의 관작을 내리신 일에 대해서는 이미 세 번에 걸쳐 거두어 주시기를 빌었으나 윤허를 얻지 못한 경우에야 어떻겠습니까? 옛사람이 이르기를,

"임금을 섬기되 번거롭게 하면 이것은 욕이 된다"라고 하였습니다. 이제 다시 성상의 귀를 번거롭게 할 수 없으니, 신은 반드시 품은 생각을 친히 말씀드려서 거취를 결정하고자 합니다. 이제 종친의 청으로 인하여 특별히 중직대부中直大夫를 더하여 주시었는데 중훈대부中訓大夫가 되지 않았다면 감당할 수 있으나 중직대부는 그 직임을 감당할 수가 없습니다. 진실로 중훈대부와 중직대부가 집의執義와 동일한 줄로 알 뿐인데, 이는 돌아보건대 큰 원칙을 어기는 것이므로 장차 폐단이 적지 않을 것입니다. 대저 관작을 내리는 것은 국가의 큰 공무인데, 진실로 관작내리는 것을 가볍게 처리한다면 이것은 그 나라를 가볍게 하는 것입니다. 선대의 조종께서 온갖 어려움을 무릅쓰고 얻은 국가를 성상께서 가볍게 해서는 안 되며, 대신들도 또한 이와 같이 가볍게 의논해서는 안 될 것입니다.

단종을 친견하여 마음에 품은 모든 생각을 말하고 싶다는 이 요청은 거부된다. 명목상으로는 단종의 목에 통증이 있어 경연을 중지하는 것이라지만, 사실은 대신들이 하위지가 단종과 직접 친견하는 것을 막기 위한 것이다. 아마 하위지는 마지막 수단으로 단종에게 직접 수양대군의 야욕을 경계해야 한다고 아뢰고 싶었을 것이다. 그러나 이마저도 대신들의 장벽에 막혀 실행할 수 없게 되었다. 단종과의 친견이 몸이 불편하다는 이유로 거부되자 하위지는 "집으로 돌아가서 성상의 옥체가 회복되기를 기다렸다가 직접 품은 생각을 아뢰고자 합니다" 하고 물러났다.

여기에서 한 가지 의문이 남는다. 며칠 동안 이 문제로 조정이 발칵 뒤집어졌는데도 왜 당시 의정부 수반이었던 황보인과 김종서가 특별한 태도를 보이지 않았을까 하는 점이다. 수양대군과의 정치적 대립이 격화되는 시기였음을 감안할 때, 이들이 수양대군의 기세를 꺾을 수 있는 좋은 기회를 그냥 흘려보낸 것은 이해하기 어렵다. 아마 자신들의 아들들 역시 가자加資의 대상이었으므로 직접 나서기가 어려웠을 수도 있고, 수양대군의 야욕에 대해 아직은 크게 우려할 필요가 없다고 판단했을 가능성도 있다.

단종은 비록 13세의 어린 나이였지만 적어도 하위지가 강직하고 누구보다 자신에 대한 충심을 가지고 있음을 잘 알고 있었다. 아버지였던 문종이 집현전 학사들에게 세자(단종)를 지켜 달라고 부탁할 때 그 자리에 함께 있었기 때문이다. 그래서 단종은 5월 4일 하위지의 사헌부 사직을 받아들이고 대신 직제학(종3품)으로 임명하여 집현전으로 돌려보낸다. 하지만 하위지는 이 역시 받아들일 수 없다며 고사한다.

> 신이 전날 특지特旨를 잘못 받아서 자품資品이 중직대부로 올랐으나, 분수를 헤아리고 도리를 생각하니 실로 마음이 평안하지 못하여 상소를 올려서 사면하기를 빌었습니다. 또 힘써

관작을 내리는 일을 가볍게 처리하는 폐단을 아뢰어 성총을 번잡하게 한 것이 두세 차례에 이르렀으므로 황송하여 죄를 청하였습니다. 이에 이달 5월 초4일에 비답을 내리시어 신을 중직대부 집현전직제학으로 임명하였는데, 이미 그 죄를 용서하고 또 직무를 올려서 자품을 높이기를 옛날과 같이 하시니, 감격함이 비록 지극하기는 하지만 두렵고 황송함이 실로 심하여 밤낮으로 생각하여도 진퇴유곡이므로 어찌할 바를 모르겠습니다.

엎드려 생각하건대, 성상께서 자애로운 마음으로 불쌍히 여기시고 보살피신 것이지만, 대저 신이 사면을 빈 것은 신의 사사로운 계책이 아니라 곧 나라를 위한 공적인 염려일 뿐입니다. 몸이 법을 집행하는 관직에 있으니, 이는 곧 벼슬을 내릴 때의 어긋난 점을 평가하고 논박하는 것이 직분입니다. 하물며 신은 이미 왕명을 잘못 받은 대열에 참여하였으니 더욱 간절히 사면을 비는 것이 마땅하고, 그릇된 것을 더욱 힘써 공박하는 것이 마땅하니, 이것은 바로 공의公義에 당연한 것입니다. 비록 스스로 그만두고자 하더라도 불가한데, 이는 진실로 남보다 뛰어난 이름을 구하려는 것이 아니라, 정도가 지나친 계교가 되어서 그러한 것입니다. 또 신이 사면하기를 빌었던 것은 그것이 잘못 받은 가자였기 때문입니다. 사면하기를 빌었으나 얻지 못하였으므로, 죄를 청하고 감히 직무에 나아가지 못한

장릉에서 내려다 본 배식단

장릉의 장판옥

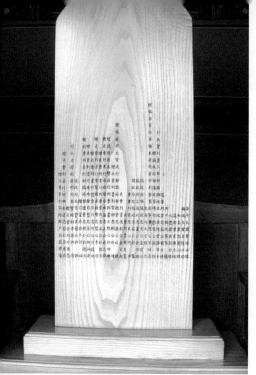
장판옥에 배향된 위패 중 하위지 부분

상태로 지금에까지 이르렀습니다.

이제 비록 본래의 직책은 사면하였지만 잘못 받은 자품資品은 고치지 않았으니, 신으로서는 사면해 주기를 비는 것을 그만 둘 수가 없고, 직무에 나아가기 어려움이 전날보다 더욱 심합 니다. 대개 일에 임하여 두 가지 마음을 갖지 않는 것이 신하된 자의 직분인데 마땅히 법관이 되었으면 의리에 의거하여 굳게 간쟁諫爭하여야 할 것입니다. 신은 죄는 달게 받겠으나 감히 명을 받지는 못하겠습니다. 다른 좋은 직책으로 옮긴다면 갑 자기 이전에 했던 말을 저버리고 재물을 탐내어 어리석음을 무릅쓰는 것인데, 어찌 이와 같이 두 마음을 품고 바른길로 가지 않으면서 조정의 반열에 끼일 수 있겠으며, 나라의 법에서 도피할 수 있겠습니까? 성상께서 헤아려서 은혜를 베풀어 비록 죄를 다스리지 않는다고 하더라도 신이 무슨 면목으로 나가서 사람들을 대하겠습니까? 만약 신이 전에는 그 죄를 힘써 공박하다가 뒤에는 도리어 그 이익을 탐한다면 이것은 곧 모리배의 습속이며, 하늘을 속이는 것이 심한 것인데 나라에서 또한 어찌 이와 같은 사람을 쓰겠습니까? 더구나 신은 사면해 주시기를 청한 후로 걱정과 근심이 병을 이루어 파리하고 쇠약하여 일어날 수가 없습니다. 비록 직무에 나아가고자 하더라도 또 나아갈 수가 없으니, 부복하여 신음하여도 어찌할 계책이 없습니다.

엎드려 바라옵건대, 깊이 살피시어 신의 곤궁하고 박절한 계책을 불쌍히 여기시고 확연히 포용하시는 도량으로 적절하게 처리하여 어진 마음을 돈독히 하옵소서. 신의 직무를 혁파하시어 신이 스스로 편하게 선택하도록 허락하시면 초야에서 안심하고 성상의 은택을 누리며 조용히 지내면서 기쁘고 즐거운 마음으로 병을 치료하다가, 다른 날 구구한 견마의 정성을 다할 수 있도록 하겠습니다. 신의 형세가 이미 궁하고 절박하여서 편안할 자리가 없으니, 오직 사면하는 한 가지 일만이 몸을 용납할 수 있는 길이 되므로 감히 하늘의 위엄을 거스름을 무

룹쓰고, 우러러 너무나 간절한 마음을 아뢰는 것입니다. 엎드려 바라옵건대, 자애로운 마음으로 신을 불쌍히 여기시어 보살펴 주소서.

이어서 5월 9일에는 사헌부지평司憲府持平(정5품) 유성원柳誠源(?~1456)이, 5월 19일에는 지사간원사知司諫院事(종3품) 정식鄭軾(1407~1467)이 자품을 높인 일의 부당함을 아뢰고 하위지의 친견 요청에 응할 것을 요구하였고, 5월 20일에는 하위지가 다시 사직소를 올려 잘못된 일을 바로잡을 것을 요청하였다. 5월 24일 유성원이 다시 간諫하자 단종은 더 이상 견디지 못하고 어쩔 수 없이 5월 25일 수양대군을 수종한 사람들과 『역대병요』를 수찬한 공으로 자품을 높인 사람들에 대한 관작을 환수하도록 전지를 내렸다. 이렇게 20여 일간에 걸친 논란은 하위지의 뜻대로 마무리되었으나 이 사건이 이후에 끼친 여파는 작지 않았다. 가자加資를 환수한 조치에 대해서는 논란의 빌미를 제공했던 수양대군은 말할 것도 없고, 수양대군과 정치적인 대척점에 서 있던 황보인 · 김종서 역시 불만스럽게 여기면서 유성원에 대해 성급하고 분수를 모르며 잘난 체하는 인물이라고 폄하했다.

이렇게 보면 당시 조정은 크게 세 부류로 나뉘어 있었음을 확인할 수 있다. 첫 번째는 수양대군을 중심으로 한 일부 종친들과 대신들인데, 이들은 왕가의 보존과 안위를 명분으로 내세우며 김종서 등 권신들을 견제하였다. 두 번째는 김종서·황보인을 중심으로 한 권신들로, 이들은 세종과 문종의 고명을 받았다는 명분을 내세웠으며, 종친 가운데 안평대군과 공조하여 세력을 형성하고 있었다. 그리고 마지막 세 번째는 위의 두 집단 어느 곳에도 소속되기를 거부하면서 왕실에 대한 충심으로 단종을 보호하려 한 사람들로, 특별히 문종과 인간적인 관계를 맺었던 집현전 학사 출신의 소장 관료들이었다.

이들 중에서 외형적으로 가장 강력한 세력을 형성한 집단은 두 번째의 권신들이었다. 특히 김종서는 단종을 보호한다는 미명 아래 지나칠 정도로 단종을 다른 신하들로부터 격리시켰고, 대부분의 정사를 자신의 뜻대로 시행하여 '정승은 있어도 군왕은 없다'는 말까지 나오게 되었다. 그리하여 김종서 본인의 뜻과는 무관하게 많은 사람들로 하여금 그 진의를 의심하도록 하였고, 이것이 결국 역사의 비극을 초래한 것이다. 즉 하위지, 성삼문, 박팽년, 유성원, 이개 등은 수양대군의 권력욕을 눈치채고 있었지만, 현실적으로 당장은 김종서가 왕권에 더 큰 위협이 된다고 판단하고 있었다. 또한 수양대군의 정치활동은 왕위를 노리는 것이 아니라 김종서의 전횡이 지나치므로 종친으로서 단순히 이를 견제하기 위한 것일지도 모른다는 기대감을 가지고 있었다. 그래서 계유정난癸酉靖難이 일어났을 때, 적극적으로 반발하지 않고 소극적으로 사태의 추이를 지켜보거나 수양대군의 행사에 암묵적으로 동조하였던 것이다.

우여곡절 끝에 중직대부의 관작이 환수된 후, 하위지는 집현전직제학으로 복귀한다. 이렇게 자신의 뜻을 관철시키기는 했지만, 김종서 일파와 수양대군 일파 사이에서 하위지를 비롯한 집현전 학사 출신의 관료들은 처신에 제약을 받을 수밖에 없었다. 단종과 직접 면대하여 아뢰는 것도 의정부와 승정원 대신들에 의해 막혀 있었고, 어느 한쪽 세력을 편들기에도 위험 부담이 너무 컸던 것이다. 보이지 않는 굴레에 씌어 실질적인 행동에 제약을 받게 되자 하위지는 7월 24일 사직상소를 올린다.

> 신은 손발이 떨리고 마비되는 병이 생겨서 뼈마디가 시리고
> 아파 제대로 걸을 수가 없습니다. 경상도 영산靈山의 온천에
> 가서 목욕으로 병을 치료하고자 하오니 청컨대 신의 관직을
> 해임하여 주시옵소서.

단종은 하위지의 사직을 만류하려 하였으나, 병으로 직무를 수행할 수 없다고 하니 어쩔 수 없이 허락하고 만다. 대신 속히 돌아오라는 뜻에서 다시 복직할 때까지 지금의 봉록을 그대로 지급하라는 명을 내리지만 하위지는 이를 물리치고 받지 않았다. 하위지가 사직하기로 마음을 먹은 것은 조정이 둘로 나뉘어 서로 다투며 사람들을 회유하여 세력을 키우는 상황에서 자신이 할 수

있는 역할이 없음을 느꼈기 때문이다. 차라리 낙향하여 자중하고 있다가 단종이 성장하여 스스로 옳고 그름을 명확히 인식할 수 있게 된 연후에 다시 출사하여 뜻을 펴는 것이 낫겠다고 판단한 것이다. 그래서 그해 9월 30일 단종이 병이 나았으면 다시 오라고 소환했을 때에도 응하지 않았다. 그런데 바로 며칠 후인 10월 10일 역사의 흐름을 바꾸는 정변이 발생함으로써 하위지의 운명 역시 파란을 겪게 된다.

4. 목숨을 던져 의리를 지키다:
   계유정난(1453)~단종복위운동(1456)

단종 원년(1453) 10월 10일 밤 수양대군은 홍달손洪達孫, 양정 楊汀, 유서柳漵, 임운林芸 등 기골이 장대한 무인들을 데리고 김종 서의 집으로 찾아갔다. 그는 부탁할 것이 있다는 말로 대문 밖으 로 김종서를 유인해 낸 다음 수하들로 하여금 철퇴로 김종서를 내리치고, 그의 아들 김승규를 칼로 베어 죽이게 하였다. 당시 단 종은 하나뿐인 누이 경혜공주敬惠公主의 남편인 영양위寧陽尉 정 종鄭悰(?~1461)의 사저에 임시로 머물러 있었는데, 김종서를 살해 한 수양대군은 곧바로 단종을 찾아와 김종서 등이 안평대군과 결 탁하여 역모를 꾀하였는데, 김종서는 이미 처단하였으나 남은 잔 당이 있으므로 속히 참수해야 한다고 고하였다. 그런데 수양대군이 역모를 꾀하였다고 밝힌 사람들은 모두가 부왕 문종의 신임을 받으며 단종을 지켜 달라는 고명을 받은 대신들이었다. 단종은 고명대신인 김종서와 숙부인 안평대군이 그럴 리가 없다며 수양대군의 말을 믿으려 하지 않았다. 다급해진 수양대군은 "안평대군이 무이정사武夷精舍를 지어 무사를 모으는 것은 세상이 다 아는 일이며, 함길도절제사 이징옥李澄玉(1399~1453)이 무기를 한양으로 보낸다는 소문도 사실입니다. 이는 시급을 다투는 일이므로 모든 것은 신이 알아서 처리할 것이며, 유충하신 주상전하를 잘 보필하겠습니다"라고 하였다.

수양대군은 단종의 허락을 받지도 않고 궁으로 달려가 승정원에 고하여 왕명으로 당상관 이상의 신하들을 모조리 입궐하도록 하였다. 그리고 거짓 왕명에 따라 입궐하는 신하들을 한명회韓明澮가 작성한 살생부에 따라 선별하여 그 자리에서 척살하였고, 또 군사들을 궁 밖으로 보내 김종서 일파에 속하는 사람들을 모조리 처단하였다. 이것을 계유정난癸酉靖難 혹은 계유사화癸酉士禍라 하는데, 여기에 연루되어 희생된 사람들은 그 수를 헤아리기 어려울 정도였다.

김종서와 황보인을 비롯하여 우찬성 이양李穰, 이조판서 민신閔伸, 병조판서 조극관趙克寬, 군기판사軍器判事 윤처공尹處恭 등 반대세력을 한꺼번에 제거하고, 안평대군을 역모의 수괴로 몰아 강화도에 유배시킴으로써 일시에 권력을 장악한 수양대군은 10

월 11일 스스로 영의정이 되고 판이병조사判吏兵曹事를 겸직함으로써 행정권은 물론 인사권과 병권을 한 손에 틀어쥐게 된다. 그리고 아직 자신에게 적극적으로 협력하지 않았던 하위지, 성삼문 등에게 왕명을 빌려 관직을 제수하며 마지막 회유의 손길을 뻗는다. 즉, 10월 11일 박팽년을 좌부승지左副承旨(정3품)로, 10월 15일에는 하위지에게 좌사간左司諫(정3품)을, 성삼문에게 우사간右司諫(정3품)을, 이개에게 사헌부집의司憲府執義(종3품)를 제수하는데, 특히 10월 16일 하위지에게 이런 교지를 내림으로써 출사의 명분을 강조한다.

> 지난번에 직접 친견하기를 청하였을 때, 내가 면대하여 전후 상황을 듣고자 하였으나 권력을 틀어쥔 간신(김종서를 지칭)에게 저지되어 인견하지 못하였고, 그대 또한 병을 핑계로 물러났다. 이제 간신들이 이미 죄를 지어 죽었고, 실로 새로이 처음 조정을 구성하고자 하는 때에 특별히 그대를 좌사간에 제수하니, 병을 무릅쓰고서라도 벼슬길에 나오도록 하라.

그런데 여기에는 수양대군의 또 다른 책략이 숨어 있었다. 즉 사간원이라는 곳은 직무의 특성상 왕에 대한 간언과 함께 관원에 대한 탄핵을 담당하는데, 역모 사건이 휩쓸고 간 이 시점에서는 안평대군이나 김종서와 관계된 인물들을 가려내어 그 죄를 묻는 것이 필연적인 것이었다. 그렇지 않아도 안평대군을 주살하라는 청원이 끊임없이 제기되는 상황이었다. 실제로 10월 15일의 인사에서는 황보인·김종서 등의 추천으로 대사헌大司憲이 되었던 박중림朴仲林(1400~1456)을 형조판서로 임명하고, 10월 18일 안평대군의 사사賜死를 책임지게 하였다. 박중림은 박팽년의 부친으로 이 집안에서 모두 다섯 명이나 집현전 학사가 배출됨으로써 집현전과의 연관성이 높은 인물이었다. 수양대군은 집현전의 비중을 잘 알고 있었기 때문에 계유정난 이후 역도들의 처리를 이들에게 맡김으로써 좋든 싫든 자기 사람이 될 수밖에 없도록 만들고자 했던 것이다. 어떻게 보면 하위지에 대한 수양대군의 마지막 시험이라고도 할 수 있을 것이다. 하지만 당연하게도 하위지는 이를 받아들일 수 없었다.

> 신이 삼가 생각건대, 질병이 고질화되어 오랫동안 회복되지 않은 탓에, 특별히 소환하신 명을 받고도 능히 달려가지 못하고 보니, 대궐을 사모하는 마음만 간절할 뿐입니다. 그런데 이번 10월 20일에 또 대내大內에서 내리신 전지를 받고 보니, 자급資級을 뛰어넘어 좌사간이란 관직을 제수하시고 새로 정치를 해 보자는 뜻으로 유시하시면서 '병을 무릅쓰고 길을 나서라'는 성상의 말씀이 통절하시니, 펼쳐서 읽어 보고 감격하여 참으로 어찌할 바를 몰랐습니다.

시름시름 앓고 있는 병 때문에 달려갈 수는 없지만, 한 번만이라도 성상을 우러러 뵙고 답답한 마음을 조금 푼 뒤에 천천히 고향으로 돌아올 계획을 세우리라는 요량으로 억지로 길을 나섰으나, 불행하게도 바로 그날 찬바람을 쏘인 탓에 예전에 앓던 증세가 악화되어 온몸에 식은땀이 흐르면서 쑤시고 아팠습니다. 갖은 약으로 치료를 하였지만 아직도 차도가 없으며, 기력이 줄어들어 추위가 겁이 나는 통에 문밖을 벗어나 바람을 쏘일 수가 없습니다. 허리 밑에서 팔뚝까지 날마다 저리고 아프며 여러 가지 합병 증세가 마구 발생하여 거의 한 달이 다 되어 가는데 심해지기만 하고 감소하지 않으니, 비록 억지로라도 나가 보고 싶지만 역시 될 수 없는 일이고 보니, 머리를 떨구고 신음하며 대궐을 연모하여 눈물을 흘릴 뿐입니다.

삼가 바라옵건대, 주상 전하께서는 병이 심한 저를 가엾게 여기시고 새로 내리신 명을 거두어 주시옵소서. 그것이 신의 지극한 소원이며, 그렇게 된다면 신의 황공한 마음이 없어질 것입니다. 신이 초야의 미천한 몸으로 여러 조정의 은혜를 가장 많이 받았기에, 항상 목숨을 다하여 만분의 일이나마 보답하려고 생각해 왔습니다. 지금 또다시 주상 전하의 지극한 발탁이 여기에 이르고 통절하신 말씀이 여기에 이른 것을 받았으니, 신이 비록 사리에 어둡고 못났지만 감히 분발하여 조금이라도 평소에 간직해 왔던 마음을 실천하려고 생각지 않겠습니까. 하지만 천명이 다하고 운수가 박하여 질병에 걸리고, 일이 뜻대로 되지 않아 부끄럽게도 성상의 은혜를 저버리게 되었으니, 죽어도 죄가 남을 것입니다.

신이 삼가 생각건대, 최근에 발생한 변고는 역사에도 보기 드문 일입니다. 유명遺命을 받아 국정을 보필해야 할 자나, 또 가까운 친척인 숙부로서 조정과 더불어 재앙과 복락을 함께해야 할 자가 이처럼 극심하게 부도한 짓을 저질렀다고 하니, 이는 실로 천만년 세월이 흘러가도 씻을 수 없는 우리 동방의 수치입니다. 차마 듣지 못하겠습니다. 차마 듣지 못하겠습니다. 그러나 지나간 일은 추급할 수가 없으니, 말을 해 본들 무슨 도움이 되겠습니까.

대체로 천하의 걱정거리 가운데는 사람이 알면서도 감히 말하지 못하는 것이 가장 큰 것이니, 아는 자로 하여금 모든 말을 다 하도록 해서 임금이 들어 보고 친히 처리하신다면 어찌 사전에 방지하지 못할까를 걱정할 필요가 있겠습니까. 최근에 발생한 일이 바로 그런 경우입니다. 사세가 이미 치성하면 다행히 제거하게 되더라도 거기에서 입게 될 상처는 역시 많을 것입니다. 또 권신과 간신을 제거하는 문제는 예로부터 어렵게 여겼거니와, 뒷수습이 더욱 어려운 일입니다.

등극하신 초기이므로 마땅히 먼 앞날을 내다보시고 깊이 생각하시며, 널리 많은 사람과 도모하여 익숙하게 헤아리시어 혹

시라도 망설이거나 구차하게 하지 마시고, "무슨 탈이 있겠으
며, 무슨 해가 있겠는가"라고 하지도 말아야 합니다. 또 너무
느슨하게 대처하여 기회를 잃고 마는 일이 없도록 해야 하며,
너무 급하게 서둘러서 대체大體에 손상이 가게 하는 일이 없게
해야 하고, 너무 너그럽게 대처하여 조정의 기강을 느슨하게
하는 일이 없게 해야 하며, 너무 엄격하여 나라의 맥脈이 혹시
라도 손상되게 하는 일이 없게 해야 하고, 앞에 세운 공에 연연
하여 후회를 끼치게 하는 일이 없게 해야 하며, 생각이 있는 자
로 하여금 하고 싶은 말을 다 하기를 꺼려하게 함으로써 임금
의 형세가 구속되어 혹시라도 눈과 귀를 가리게 되는 일이 없
도록 해야 합니다. 거기에다 다시 더 일의 조짐을 보고 앞일을
예측하는 안목과 어지러운 시국이 잠시 안정되었다 하더라도
늘 조심조심 경계하는 계책에 대하여 생각하여 왕실을 더욱
강성하게 하시고, 내치內治를 더욱 엄격하게 하여 권력의 문호
를 막으며, 혐의할 만한 일을 더욱 버리고, 붕당의 조짐을 더욱
근절시켜야 합니다. 무슨 일이든지 실시할 때에는 인심에 부
합하도록 힘쓰고 법전에 어긋나지 않도록 노력함으로써, 오랜
시일이 지나도 폐단이 없기를 도모하고, 세속의 민가나 초야
에서 남몰래 논의하는 일이 발생하지 않도록 해야 합니다.

신이 병을 안고 강호江湖에 있으니, 멀리 임금이 계신 대궐을
바라보면서도 지금 무슨 일이 가장 급한지를 모르겠으며, 무

슨 일을 말씀드려야 할지를 모르겠습니다. 그리하여 단 한 가지 대책을 진달하거나 한 가지 계획을 강구하여 새로 시작하는 정치를 돕지 못하고 부끄럽게도 성상의 은혜를 저버리고 있습니다. 신의 능력으로는 이미 어떻게 할 수 없는 상황이 되었으므로, 그저 밤낮없이 눈물로 오열하면서 천지신명에게 호소하며 혼자서 기도하기를 "바라건대 오늘날 국정을 보필하는 책임을 맡은 자가 보부保傅의 도리를 더욱 다하여 성상의 몸과 마음을 날로 강성하게 하고, 성상의 학문을 날로 진취하게 하며, 성상의 덕을 하루빨리 성숙하게 하여서 하루속히 모든 정사를 친히 살핌으로써 우리나라의 수많은 백성들이 밤낮으로 바라는 마음에 부응하도록 해 주소서. 그리하여 안으로는 궁중으로부터 밖으로는 사방의 변경에 이르기까지 모두가 편안한 삶을 영위하여 조금도 동요하는 마음을 갖지 않게 함으로써, 태조, 태종, 세종, 문종이 전해 주신 왕통이 길이 반석과 같은 안전함이 있도록 해서 산천의 귀신들이 모두 기뻐하게 하소서"라고 할 뿐입니다.

전하께서도 마땅히 눈과 귀를 활짝 열고 곧은 말을 받아들임으로써 뜻있는 선비의 기상을 넓혀 주시고, 다시 종묘사직을 위하여 더욱 신중을 기하고, 경연에 부지런히 참여하여 덕성을 더욱 높이고, 욕심이 싹트기 전에 단단히 막아서 항상 맑고 밝은 기운이 몸에 있게 하소서. 한마음을 밝혀서 간악함을 비추고, 한마음을 바로잡아 사악함을 막도록 하소서. 강직한 신하를 친근히 하시고 아첨하는 신하를 멀리하시며, 국정을 보필하는 대신을 소중히 여기시고 행동은 반드시 예를 따라 하셔서 어려운 현재의 상황을 타개하심으로써 돌아가신 문종께서 "국가의 기반을 버려서는 안 된다"라고 하신 바람에 부응하소서. 한갓 스스로 겸손한 마음으로 "어린 내가 어찌 감히 할 수 있겠는가"라고 여겨서는 안 될 것입니다.

신이 받은 은혜가 가장 깊은데도 이번 기회를 당하여 병 때문에 힘을 다하여 충절을 바치지 못하고 그저 답답한 마음을 안고 침상에 누워 눈물만 흘리고 있을 뿐입니다. 약을 먹고 숨이 남아 있기는 합니다만, 마음이 헛갈려서 무슨 말을 했는지 스스로 알 수가 없습니다. 삼가 바라건대, 전하께서는 신의 작은 정성을 살피셔서 신으로 하여금 한가로이 병을 요양하도록 함으로써 크나큰 은혜를 받아 다시 온 몸을 바쳐 보답하기를 기약할 수 있도록 허락해 주시옵소서.(『단종실록』 9권, 1년 11월 4일 丙辰)

이것이 그 유명한 하위지의 '좌사간을 사직하는 상소' (辭左司諫疏)이다. 한 구절 한 구절 단종의 안위와 국가의 편안을 염려하는 하위지의 충심이 짙게 배어 있음을 알 수 있다. 특히 은연중에 수양대군에 대한 경계를 호소하고 있는데, 강직한 신하를 주위에 배치하여 언로를 열어두는 것이 무엇보다 중요함을 피력하면서, 어렵고 힘들더라도 포기하지 말고 강건한 마음으로 스스로를 지켜야 함을 강조한다.

단종은 하위지의 충심에 크게 감동하여 11월 11일 경상도관찰사에게 명하여 의원을 보내 병을 치유하도록 하고, 또 때때로 술과 고기를 보내 몸을 돌보게 하였다. 그리고 하위지에게는 상소한 글로써 그 뜻을 충분히 알았으니 안심하고 병을 치유하여 다 낫거든 돌아오라고 하였다. 12월 23일에는 하위지에게 올해의 봉록을 모두 지급하도록 명하고, 곧이어 12월 27일 집현전부제학集賢殿副提學(정3품)에 임명하여 출사하도록 하였다. 하위지는 12월 28일 아무런 공이 없음에도 오히려 승급하여 발탁되었다고 하면서 사직하는 상소를 올리지만 단종은 이를 허용하지 않고 출사를 재촉하였다. 이처럼 단종이 거듭 하위지의 출사를 요청하자 하위지는 단종이 장성할 때까지 물러나 있으려 한 마음을 바꾸어 가까운 곳에서 어린 임금을 지켜 내기로 결심하고 집현전부제학의 관직을 받아들인다.

이즈음에 하위지는 의미심장한 시를 짓는다. 이 시는 박팽년이 하위지를 찾아와 도롱이를 빌려주고자 할 때, 이에 대한 답으로 지은 것이다.

도롱이를 빌려준 박팽년에게 답하다(答朴仁叟彭年借蓑衣)

사나이로서 간직하고 버려야 할 것은 예나 지금이나 같으니
지금 머리 위에 분명히 밝은 해가 비치네.
도롱이를 내다 줌은 분명 담긴 뜻이 있을 것이니
오호에 가랑비 맞으며 서로 찾아 즐기리라.

男兒得失古猶今　　頭上分明白日臨
持贈蓑衣應有意　　五湖煙雨好相尋

어느 날엔가 박팽년이 찾아와 비가 오지 않는데도 불구하고 도롱이를 주고자 하였는데, 하위지는 박팽년의 의도를 짐작하고 이 시를 지어 답하였다. 도롱이는 비가 올 때 비를 가리기 위해 쓰는 물건이다. 그런데 지금 해가 밝게 비치고 있는데도 박팽년은 비를 피하는 도롱이를 내어 준 것이다. 그렇다면 도롱이는 지금 당장 필요한 것이 아니라 비가 올 때를 대비하려는 것이다. 이 시가 언제 쓰였는지는 분명하지 않지만, 당시의 정치적 상황과 관련하여 수양대군의 야심이 표면적으로 드러나고 단종의 입지가 위축된 시점이라고 짐작할 수 있다. 즉 아직은 하늘의 해가 밝게 빛나고 있지만, 혹시 지척을 분간하기 어려운 안개비와 같은 불상사가 닥치더라도 서로 손잡고 뜻을 함께하자는 권유와, 그에 대한 기꺼운 호응을 암시하고 있는 것이다. 맨 처음의 시구에서

월암서원 표지석

월암서원 전경

월암서원에서 내려다 본 낙동강

월암서원 외삼문인 보인문

월암서원 사당인 상의사. 김주, 하위지, 이맹전 등 세 사람을 배향하고 있다.

굳이 "예나 지금이나 같다"라고 한 것은 어떤 현실적 상황에서도
변치 말아야 할 처신을 강조하는 것이다. 잠시 구름이 몰려와 해
를 가리고 비를 뿌릴지라도 해는 항상 그 위에서 빛나고 있지 않
겠는가!

  단종 2년(1454) 1월 5일 43세의 나이로 집현전부제학이 된 하
위지는 직제학 이석형李石亨(1415~1477) 등과 함께 세종 30년에 건
립한 내불당內佛堂을 헐어 버리라는 상소를 올린다. 유학을 국시
國是로 하는 나라의 궁궐 안에 부처를 모신 불당이 있다는 것은
모순된 일이라 처음 건립할 때부터 반대가 극심하였고, 이후로도

사헌부 등에서 여러 번 훼철하기를 상소하였으나 받아들여지지 않았는데, 이제 내불당의 지세地勢가 나빠 왕실에 흉한 일이 생긴다는 말이 나돌자 이를 빌미로 다시 한 번 헐어 버리자는 중론이 만들어진 것이다. 하지만 단종은 선대왕이 세우신 것을 함부로 헐어 버릴 수 없다고 하면서 받아들이지 않는다. 1월 9일과 11일에도 연속해서 요청하지만 영의정으로 있던 수양대군이 반대하고 나섬으로써 결국 성사되지 않는다.

1월 6일에는 어진 사대부를 가까이하고, 올바른 말을 많이 들어서 군왕의 덕을 키울 것을 바라는 상소를 올린다.

신 등이 가만히 생각하건대, 옛날에 정자程子가 시강관이 되었을 때 임금에게 말하기를, "임금이 하루 사이에 어진 사대부를 접하는 시간이 많고, 환관과 궁첩을 가까이하는 시간이 적으면, 기질을 함양하여서 덕성을 올바르게 기를 수 있습니다"라고 하였으나, 당시에는 적용되지 못하여 아는 사람들이 이를 한탄하였습니다. 하물며 지금 전하께서는 춘추가 한창이시니 보양補養하시는 일이 급하지 않겠습니까? 보양하는 방도는 비단 서사書史를 섭렵하고 고금古今을 편람하는 것뿐만 아니라, 요컨대 한 발자국도 올바른 사람에게서 떠나지 않도록 하여야 기질을 함양하여 덕성을 훈도할 수가 있어서 성덕聖德을 성취하게 될 것입니다. 청하옵건대 사대부를 뽑아서 날마다 번갈아 입시하게 하고, 매일 2, 3인이 다스림의 도리를 강론하기도 하고, 백성들의 폐단을 진술하기도 하고, 경전 가운데의 격언을 논하기도 하고, 경계가 될 말을 드리고 조용히 논설을 진술하기도 하도록 하옵소서. 전하께서도 또한 온화한 말씨로 물어보시고 우대하여 채납採納을 더하신다면, 군신의 사이가 자연히 정의情意가 충만해지고 신하에 대한 왕의 사랑이 더욱 통하여 성총聖聰이 크게 넓어지고 성덕이 날로 이루어질 것이니, 엎드려 성상의 재결裁決을 바랍니다.

이것은 임금이 주위 권신들에게 휩싸여 스스로 주체적인 일을 수행하지 못하는 현 상황을 타개하고, 성군으로서의 자질을 키우도록 하기 위한 방안으로 제시된 것이다. 당연히 수양대군이 장악한 의정부에서는 지금의 시강관·경연관의 수도 적은 것이 아니고, 처리해야 할 매일의 다른 업무들도 많아서 한가하게 사대부들과 면담할 시간이 없다는 핑계로 반대한다. 계유정난 이후 수양대군 일파에서는 주변의 친인과 관료들을 하나씩 제거하여 단종을 고립시키는 작업을 진행하고 있던 중이었고, 이런 상황에서 단종과 친밀한 관계를 형성할 만한 인물을 새로 등용한다는 것은 도저히 받아들일 수 없었던 것이다. 이 상소는 단종의 친정체제를 만들어 보려는 하위지의 시도였으나 끝내 좌절되었고, 단종은 점차 고립무원의 신세로 전락하게 되었다.

3월 30일에는 춘추관에서 『세종대왕실록』을 편찬하여 올렸는데, 하위지도 이 작업에 편수관編修官으로 참여하였다. 그리고 9월과 12월에는 물시계를 설치해 놓은 보루각報漏閣을 개수하는 일은 시급한 것이 아니므로 이를 중지할 것을 청하였다. 하위지는 단종이 불교나 노자에 물들지 않고 항상 유교의 정학正學에만 집중할 것을 말하였고, 적극적으로 백성들의 삶을 보살펴서 인력과 물자를 조정하고 아낄 것을 주장하여 군왕으로서의 덕을 갖출 수 있도록 끊임없이 보좌하였다.

　　단종 3년(1455)에 이르자 수양대군 일파는 본격적으로 왕위를 침탈하려는 야욕을 드러낸다. 정인지鄭麟趾(1396~1478), 신숙주, 한명회 등은 단종을 알현하는 자리에서 수양대군에게 선위하라고 단종을 핍박하였다. 이 말을 들은 금성대군錦城大君이 수양대군의 사저를 찾아가 정인지가 선위를 권유한 것이 정인지의 생각인지 아니면 형이 시켜서 그런 것인지를 따져 물었다. 수양대군이 자신은 모르는 일이라고 잡아떼자 금성대군은 만약 그게 사실이라면 정인지를 삭탈관직하고 극형에 처하라고 요구하였다. 정인지가 제멋대로 한 말일지라도 그대로 내버려 둔다면 사람들은 수양대군이 시켜서 한 말이라고 생각하게 될 것이고, 정인지는 둘도 없는 간신이므로 살려 두어서는 안 된다는 것이다. 하지만 수양대군은 머뭇거리며 확답을 하지 않고 대강 얼버무리기만 하였다. 금성대군은 마지막으로 "만약 형님이 그런 간신의 꾐에 넘어 간다면 하늘이 용서하지 않을 것이며, 나도 형님을 용서하지 않겠다"라고 단호하게 말하며 돌아갔다. 금성대군은 부친인 세종이 승하하기 전 자신의 집에서 형제들을 불러 세자(문종)를 도와 사직을 굳건하게 지켜 달라는 당부를 잊을 수가 없었던 것이다. 하지만 이 일로 인해 수양대군은 단종을 보호하려는 세력을 더욱 적극적으로 처단하고자 계획을 세우고 하나하나 실행에 옮긴다.

우선 궁궐 안에 있는 단종의 보호 세력을 제거하기 위해 2월 5일과 9일 동궁에 있을 때부터 단종을 보살폈던 상궁尚宮 박씨朴氏를 출궁시키도록 상소하고, 2월 27일에는 금성대군 이유李瑜 (1426~1457)와 화의군和義君 이영李瓔(1425~1460), 환관 엄자치嚴自治 (?~1455) 등 수십 명에게 죄를 씌워 직첩을 박탈하거나 외지로 유배시켜 이들을 단종으로부터 격리시킨다. 단종은 온갖 어려움 속에서 자신을 지켜 왔던 엄자치를 어떻게든 보호하려 하였으나 결국 주위의 압력을 견디지 못하였다. 단종을 고립시킬 다음 수순은 세종의 명으로 갓난아기 때부터 단종을 키워 온 혜빈양씨惠嬪楊氏를 몰아내는 것이었다. 혜빈양씨는 세종이 승하한 후 비구니가 되어 산속에서 살았는데, 어린 단종이 즉위하자 임금을 돌보기 위해 다시 궁으로 돌아와 있었다. 수양대군은 혜빈양씨가 단종과 모의할까 두려워하여 문종의 후궁인 귀인홍씨貴人洪氏의 작위를 숙빈淑嬪으로 높여 혜빈양씨의 역할을 대신하게 하였다.

왕위 찬탈의 마지막 수순은 집현전 학사들을 단종으로부터 격리시키는 것이었다. 그리하여 4월 17일 수양대군의 사주를 받은 사간원에서 상소하기를 "임금의 학문은 한갓 서사書史를 섭렵하고 고금古수을 통람通覽하는 데 있는 것이 아니며, 요체는 기질을 함양하고 덕성을 기르는 것에 있을 뿐입니다.…… 좌우의 가까운 신하는 마땅히 나이가 많고 중후하며 세심한 사람을 선택하소서.…… 신 등은 원컨대, 연로하고 중후한 사람을 잘 택하여 좌우에 모시게 하소서" 하였다. 이 말은 곧 시강과 경연을 주로 담당하는 집현전의 학사들을 겨냥해서 탄핵한 것이다. 즉 학문적인 능력은 있으나 성급하고 자기중심적인 폐단이 있으니, 오히려 연로하고 경험이 풍부한 사람들을 가까이 두어야 한다는 것이다.

이렇게 되자 4월 18일 부제학 하위지를 비롯한 집현전 학사들은 "경연에 대한 책임을 다하지 못한 죄를 들어 '직책만 차지하고 하는 일 없이 봉록만 축낸다'는 비방을 받았으니, 혐의를 벗어날 때까지 관직을 파면해 달라"는 상소를 올리게 된다. 단종이 윤허하지 않자 4월 21일 다시 간곡한 사직소를 올려 피혐避嫌할 수 있도록 해 달라고 하지만 이 역시 수용되지 않았다. 단종으로서는 주위의 모든 대신들이 자신을 위협하고 왕위에서 물러날 것을 재촉하는 상황에서 하위지와 같은 충신을 물리칠 수가 없었던 것이다. 하위지 역시 이전과는 달리 더 이상 사직을 청하지 않고 더욱 가까이서 단종을 보위한다.

그러나 시세가 이미 기울어 몇 사람의 힘만으로는 더 이상 돌이킬 수 없는 상황으로 치달아갔다. 왕실의 종친들을 회유하고, 의정부, 육조, 대간, 심지어 내관들까지 자신의 사람으로 배치하여 철저하게 단종을 고립시킨 수양대군은 윤6월 10일 하위지를 예조참의禮曹參議로, 성삼문을 동부승지同副承旨로 임명하도록 한 후, 다음 날인 윤6월 11일 단종을 위협하여 혜빈양씨惠嬪楊氏를 청풍淸風으로, 상궁尙宮 박씨朴氏를 청양靑陽으로, 금성대군 이유를 삭녕朔寧으로, 한남군漢南君 이어李𤥽를 금산錦山으로, 영풍군永豊君 이천李瑔을 예안禮安으로, 영양위寧陽尉 정종鄭悰을 영월寧越로 각각 귀양 보내도록 하였다. 단종은 자신의 피붙이와 같은 사람들이 숙청당하는 것을 보고 생명의 위협을 느꼈고, 더 이상 왕으로서의 지위를 보전하기 어렵다는 것을 절감하면서 우의정 한확을 불러 이렇게 전지傳旨하였다.

내가 아직 나이가 어리고 중외中外의 일을 잘 알지 못하는 탓으로 간사한 무리들이 은밀히 발동하고 난을 도모하는 싹이 도무지 없어지지 않으니, 이제 대임大任을 영의정에게 전하여 주려고 한다.

그리고 경회루로 수양대군을 불러 대보大寶(국새)를 전하고 선위禪位하였다. 남효온南孝溫의 『육신전六臣傳』에 따르면, 이때

충청도관찰사로 있다가 서울로 올라와 입시해 있던 박팽년이 분을 참지 못하고 경회루의 연못에 빠져 죽으려 하였으나, 성삼문이 그를 만류하며 "지금 죽는 것은 종묘사직에 아무런 도움이 되지 못할 것이다. 비록 옥새는 옮겨 갔으나 아직 주상께서 계시고 우리가 죽지 않았으니, 오히려 뒷날을 도모하는 것이 좋겠다. 그것이 이루어지지 않는다면 그때 죽어도 늦지 않을 것이다"라고 하였다. 공식 기록인 『실록』에 의하면 단종의 선위가 예상치 못한 상황에서 하루 만에 급작스럽게 이루어진 것처럼 기록되어 있으나, 이것은 현실적으로 불가능한 것이다. 당일에 "세조(수양대군)가 익선관翼善冠과 곤룡포袞龍袍를 갖추고는 백관을 거느리고 근정전 뜰로 나아가 선위를 받았다"고 하는데, 이것이 어찌 가능하겠는가? 선위교서와 즉위교서, 그리고 태평관에 머물고 있던 명나라 사신에게 사람을 보내 선위의 정당성과 필연성을 알려 명나라 황제의 고명을 받을 수 있도록 설득하는 등의 진행상황으로 보았을 때, 단종의 양위는 이미 내부적으로 계획된 수순에 따라 진행된 한 편의 연극에 불과했을 것이다. 오히려 야사野史에 전하는 대로 단종이 눈물을 흘리며 왕위를 내어줄 터이니 주위 사람들의 목숨만은 살려 달라고 애원했다는 것이 사실에 더 가까울 것으로 생각된다.

세조는 왕위에 오른 후 얼마 지나지 않아 윤6월 23일 하위지를 예조참판禮曹參判(종2품)으로 승진시켜 임명하는데, 이것은 예

청령포 노래비

청령포 전경

조참의로 임명한 지 불과 13일 만의 인사로 상식에 크게 어긋나
는 것이었다. 성삼문 역시 우부승지右副承旨(정3품)로 승진시켰다.
단종의 근신近臣이기는 하지만 자신의 선위를 정당화하는 명분
으로 내세우기 위한 것이었다. 뒤이어 7월 21일에는 세자의 교육
을 담당하는 인사를 단행하면서 하위지를 세자좌부빈객世子左副
賓客으로 삼았다. 평소 하위지의 성품으로 보자면, 이런 직책을
받아들일 리가 없었다. 어떤 핑계를 대서라도 사임하고 낙향하
는 선택을 했겠지만, 이미 목숨을 걸고 상왕이 된 단종을 보호할
결심을 한 하위지는 담담하게 직책을 받아들인다. 대신에 세조

단묘재본부시유지비 | 端廟在本府時遺址碑

단묘재본부시유지비각

가 즉위한 후부터 받은 녹봉에 대해서는 집 한편에 따로 쌓아 두고 하나도 손대지 않음으로써 자신의 마음을 표현하였다.

세조 역시 한편으로는 하위지와 성삼문 등을 회유하려 관직을 높이고 공신 책봉을 하는 등 은혜를 베풀면서도, 다른 한편으로는 이들에 대한 경계를 늦추지 않았다. 특히 하위지에 대해서는 언젠가 그 강직한 기를 꺾어 놓아 본보기로 삼을 작정을 하고 있었다.

즉위 후 세조는 왕권을 강화하여 대신들의 세력을 견제하는 데 힘을 쏟았다. 그 첫 번째의 조치로 세조는 8월 1일 승정원에 전교하기를 "삼공三公은 자질구레한 사무를 직접 다루지 않고, 육경六卿이 그 직무를 나누어서 다스리는 것이 옛날의 제도이다. 이제부터 육조六曹의 공무는 직접 아뢰도록 하는 것이 어떻겠는가?" 하고, 다시 8월 7일에는 의정부에 다음과 같은 전지를 내렸다.

> 상왕上王(단종)께서 나이가 어리시어 모든 조치를 다 대신에게 위임하여 의논해서 시행하였던 것인데, 이제 내가 명을 받아 왕통을 이으면서 국가의 서무를 모두 친히 보고 받고 결단하여 선대 조종祖宗의 옛 제도를 다 회복하였으니, 이제부터 형조刑曹의 사형수를 제외한 모든 서무는 (의정부를 거치지 말고) 육조六曹에서 각기 그 직무에 따라 직접 계달啓達하여 나에게 아뢰도록 하라.

이것은 조정의 사무를 처리하는 방식에 있어서 세종 때 부활하여 단종 대에 이르러 더욱 강화된 의정부서사제議政府署事制를 폐지하고, 육조직계제六曹直啓制로 전환할 것을 천명한 것이다. 국왕의 국정운영 방식인 의정부서사제 및 육조직계제는 태종 때에 비롯된 것이었다. 의정부서사제는 태종 원년(1401) 7월부터 태종 14년까지 의정부가 최고의 정치기관으로서 정치권력의 중심이 된 체제를 말한다. 육조직계제는 태종 14년 4월 의정부의 서무를 육조에 분속시킨 뒤 직접 처리하도록 한 것을 말한다. 이처럼 육조에서 담당하는 직무가 확대되면서 의정부를 대신하여 육조의 정치력이 강화되었다. 그러다가 세종 18년(1436) 4월 세종의 건강 악화로 인하여 정무를 경감시킬 필요성에 의해 다시 의정부서사제를 실시하였다. 이후 20여 년간 지속되어 왔으며, 단종 때에와서는 더 강화되어 모든 정사를 의정부에서 처결하도록 하였다.

　　그런데 사실 이런 체제 자체가 곧바로 왕권 강화나 혹은 약화로 연결되는 것은 아니었다. 어차피 최종 결정권은 왕에게 있었으므로, 의정부를 거쳐서 오든 육조에서 직접 건의하든 간에 그 자체가 왕권을 직접 위협할 수 있는 요인은 아니었던 것이다. 실제로 의정부서사제가 부활했다고 해서 세종조에 왕권이 약화된 것은 아니었고, 또 단종 때 왕권이 약화된 원인이 의정부서사제 때문인 것도 아니었다. 하지만 세조는 단종 초기에 의정부 대신들이 정권을 마음대로 농단하는 것을 보고 육조직계제가 왕권 강화에 절대적으로 유리하다고 판단하고 있었기 때문에, 자신이 왕위에 오르자마자 육조직계제를 단행한 것이다.

세조가 육조직계제를 단행하자 이틀 후인 8월 9일 하위지는 병조판서 이계전李季甸을 비롯하여 육조의 신료들과 함께 사정전思政殿에 나아가 이렇게 아뢰었다.

신 등이 엎드려 육조에 내리신 전지를 보니, 각기 그 직무를 성상께 직접 아뢰어 시행하라고 하셨습니다. 신 등의 뜻을 말씀드리자면 우리나라는 태조께서 개국하시면서부터 일의 크고 작음을 막론하고 모두 의정부에서 의논한 다음 임금께 아뢰도록 하였는데, 갑오년(1414)에 이르러 태종께서 이것을 혁파하였다가 세종 때 다시 세워서 오늘에 이르렀습니다. 청하옵건대 예전 그대로 하소서.

그러자 세조는 도승지 박원형朴元亨(1411~1469)을 불러서 이계전 등 신료들에게 전교하기를 "옛날에 삼공三公은 이치를 강론하여 나라를 다스렸고, 육경六卿은 각기 직임이 나누어져 있었으니, 내가 이 제도를 좇으려고 한다. 경들이 만약 육조의 직임을 감당하지 못하겠거든 차라리 사퇴하는 것이 옳을 것이다"라고 단호하게 말하였다. 이계전이 대답할 말을 찾지 못하고 하위지를 돌아보며 어떻게 해야 좋을지를 물었다. 그러자 하위지가 침착하게 이렇게 말하였다.

> 주나라 제도에 따르면 삼공三公은 도道를 강론하여 나라를 경
> 영하고, 삼고三孤는 삼공을 보좌하여 널리 교화하여 이끌었으
> 며, 육경六卿은 각기 직임을 나누어 맡았는데, 삼공과 삼고가
> 비록 직무에는 직접 참여하지 않았으나 실제로는 총재冢宰가
> 겸임하여 다스렸습니다. 신은 주나라 제도를 따를 것을 원하
> 옵니다.

세조는 주나라의 제도를 평계로 하여 의정부의 권한을 축소
하고 국정에 대한 의결권을 박탈하려고 하였는데, 하위지의 말에
따르면 주나라의 제도는 오히려 의정부의 위상을 더 높인 것이
니, 세조는 주나라 제도를 좇겠다는 자신의 말을 주워 담을 수도
없게 되어 진퇴양난의 처지에 놓이게 되었다. 그러나 세조는 '누
가 이런 앞뒤 분간도 못하는 철없는 말을 했느냐'며 불같이 화를
내면서 엉뚱한 논리를 내세워 몰아붙였다. 세조가 화를 내자 이
계전이 두려움에 떨면서 하위지의 이름을 대었다. 세조는 하위
지의 관冠을 벗게 하고는 "총재冢宰의 제도는 임금이 죽은 제도이
다. 너는 내가 죽었다고 생각하는가. 아니면 내가 어려서 서무를
재결할 수 없으니 대권을 아래로 넘기게 하자는 것인가"라고 억
지를 부리면서 시위로 하여금 곤장을 치라고 명하였다. 옆에 있

던 운성부원군雲城府院君 박종우朴從愚(?~1464)가 세조를 말리면서 아무리 죄가 있더라도 임금이 직접 다스려서는 안 되고, 맡은 관청에 넘겨 죄를 다스리도록 하라고 청하였다. 그래서 세조는 도승지에게 하위지의 머리채를 끌고 나가 의금부에 가두도록 하고, "하위지가 대신에게 아부하여 나를 어린아이에 비유하고, 망령되게 고사故事를 인용하여 스스로 현명함을 자랑하며 국가의 모든 사무를 다 의정부에 위임하려고 하였으니, 이를 추국推鞫하여 아뢰도록 하라"라고 명하였다.

당시 의정부의 삼정승은 정인지鄭麟趾(1396~1478), 한확韓確(1400~1456), 이사철李思哲(1405~1456) 등으로 세조가 가장 신임하는 측근 공신들로 채워져 있었고, 하위지는 예전부터 이들과는 경원시하는 사이였음을 세조가 몰랐을 리가 없다. 그럼에도 하위지가 이들에게 아부하려 한다는 누명을 씌운 데는 비록 공신이라 하더라도 이들의 권력이 지나치게 커지는 것을 경계하고, 처신을 조심하라는 경고를 보내기 위함이었다. 예상대로 이들은 불똥이 자신들에게 튈까 두려워 전전긍긍하고 있었다. 세조는 의정부사인議政府舍人 조효문曹孝門(?~1462)을 불러 "경들로 하여금 일을 대신하여 결재하지 못하게 하는 것은 그대들의 권한을 빼앗으려는 것이 아니니 의심하지 말라. 하위지는 내일 마땅히 극형極刑에 처할 것이니 그리 알라"는 말을 전하게 하였다.

세조는 원래부터 즉흥적이고 감정의 기복이 심한 편이었는데, 이날은 특히 변덕이 심하였다. 당장 하위지를 처형하겠다고 했다가 종친들이 청하자 명을 거두었고, 직접 신문하겠다며 데리고 오라고 했다가 다시 옥에 가두라고 하는 등 갈팡질팡하였다. 결국 다음 날인 8월 10일 의금부에서 하위지를 국문鞠問하여 아뢰니, 하위지를 부르라고 명한 다음 승지들에게 이렇게 전교하였다.

하위지의 일은 오늘에 그치는 것이 아니다. 지난날 내가 영의정이 되어 바야흐로 충성을 다해 나라를 돕고 있는데도 하위지가 나에게 이르기를, "영상께서 문종文宗의 자자손손을 마음을 다해 보필하기를 원합니다"라고 하였다. 이것이 비록 술에 취해서 한 말이라 할지라도, 실상 나를 의심한 것이다. 또 이보다 앞서 문종 때에 내가 하위지와 더불어 『역대병요』를 편찬한 후 함께 일한 사람들에 대해 녹봉을 올려 줄 것을 임금께 청하였는데, 유독 하위지만이 이를 사양하였으니 이것도 또한 잘못이다. 이제 또 용서할 수 없는 죄를 더하였으나 이 사람이 본래 정직하다는 이름이 있었으니, 나는 내가 잘못한 일에 대해 솔직한 말을 듣고자 하기 때문에 특별히 너그러운 법을 베풀 것이다.

그러고는 이어서 하위지에게 전교하기를, "오늘의 일로 해서 나의 과오를 말하지 않아서는 안 된다. 다만 이와 같은 일은 다시 또 말하지 말라. 너는 학술이 바르지 못하니, 마땅히 속히 이를 고쳐야 할 것이다" 하고, 곧바로 다시 본래의 직임에 돌아가도록 하였다. 하위지로서는 고대의 제도에 대해 올바른 말을 했을 뿐인데, 난데없는 날벼락을 맞아 수난을 당하고 생명의 위협을 느낀 사건이었다. 이 일을 기록한 사관 역시 하위지의 말이 광명정대하기는 하지만 실제로 따르다 보면 현실과 배치되어 쓸 수 없는 것이 많은데, 이번의 일이 그러하다고 기록하였다. 『세조실록』을 편찬할 때만 하더라도 하위지는 대역죄인의 신분이었으므로 최대한 부정적인 관점에서 서술될 수밖에 없다는 상황을 감안하면, 당시 하위지의 주장이 오히려 많은 사람들에게 더 정당한 것으로 생각되었으리라는 점은 분명해 보인다. 어쨌든 이 사건 이후로 누구도 감히 육조직계제에 대해서는 반대하지 못했고, 하위지는 처음부터 세조의 신하가 될 마음이 없었지만 이로인해 더더욱 단종을 복위시키는 일에 온 힘을 쏟게 된다.

한편 단종은 세조에게 선위하고 상왕이 된 후, 윤6월 20일 경복궁을 떠나 창덕궁으로 거처를 옮겼는데, 세조는 매월 1일과 12일, 그리고 22일을 상왕 단종을 알현하는 날로 정하고 그때마다 문무백관을 거느리고 위엄을 갖추어 찾았다. 행사가 반복되자 단종은 세조를 만나기가 두려워서 "국정에 바쁘시니 앞으로는 창덕궁 행차를 거두어 주십시오"라며 세조의 알현을 거절하

단종어소를 향해 몸을 구부린 소나무

청령포의 관음송. 단종이 걸터앉아 쉬었다는 이 소
나무는 단종의 애절한 모습을 보고 처절한 울음소리
를 들었다고 해서 관음송으로 불린다.

청령포 노산대. 단종은 해질 무렵이면 이곳에 올라 시름에 잠겼다.

단종이 한양을 그리워하며 직접 쌓았다는 망향탑

망향탑 (望鄕塔)
Manghyangtap Tower

청령포 서쪽 절벽인 육육봉(六六峰)과 노산대(魯山臺)사이에 있는 돌탑으로 어린 단종이 청령포에서 유배 생활을 할 때 이곳에 올라 한양 땅을 그리워 쌓았다는 탑으로 그 당시 애절했던 단종의 심정을 엿이볼 수 있다.

This is a stone tower located between Yungnyukbong Peak, the western cliff of Cheongnyeongpo, and Nosandae. It is said that while King Danjong was staying here after being exiled, he built this tower by piling stones while yearning for Hanyang. Danjong's deep grief and sorrow can be felt at this tower.

기도 하였다. 그런데 세조가 이처럼 예를 다해 깍듯하게 단종을 대한 것은 대외적인 명분 쌓기에 불과한 것이었다. 진심으로 대한 것이라면 단종이 세조를 무서워하면서 어떻게든 피하려고 할 리가 없었을 것이다. 실제로 세조는 단종과 가까운 사람들을 모조리 숙청하거나 외지로 귀양 보냈고, 항상 단종의 일거수일투족을 철저하게 감시하면서 단종을 처리할 기회만 노리고 있었다.

이후 몇 달간은 폭풍전야와 같은 비교적 평온한 시간이 지나갔다. 세조는 아직 명나라로부터 선위을 인정하는 고명誥命을 받지 못하였고, 하위지는 성삼문, 박팽년 등과 암암리에 회동하며 단종 복위에 동참할 사람들을 모으는 동시에 거사에 대한 계획을 수립하느라 다른 공식적인 활동을 거의 하지 않았다. 실제로도 이전의 활발한 상소나 정치참여에 비하면, 육조직계제를 반대한 이후 하위지는 예조참판의 직위에도 불구하고 국가의 정무에는 참여하지 않고 두문불출하였다. 이 와중에 창덕궁에 거처하고 있던 단종으로 하여금 금성대군의 사저에 내왕할 수 있도록 한다는 명분으로 담장을 헐어 문을 내게 하는 일이 발생한다. 이것을 외부에서 침입하여 단종을 시해하려는 조짐으로 판단한 하위지 등은 더 이상 거사를 미룰 수 없다고 생각하고 구체적인 방법을 논의하였다.

당시 태평관太平館에는 명나라 황제의 고명을 가지고 온 사신이 머무르고 있었는데, 마침 그는 본국 출신으로서 성삼문 일

가와 친분이 두터운 환관 윤봉尹鳳이었다. 세조는 6월 1일 윤봉을 창덕궁으로 초대하여 상왕(단종)과 함께 연회를 베풀기로 하였는데, 이 자리에 뜻을 함께하기로 한 성승成勝, 박쟁朴崝, 유응부兪應孚 등 무신들이 왕을 호위하는 별운검別雲劍으로 내정되었다. 세조 부자를 비롯하여 측근 공신들을 한꺼번에 제거할 수 있는 절호의 기회라고 판단한 하위지 등은 이날을 거사일로 잡고, 내부에서 한꺼번에 이들을 제거한 후 상왕을 옹립하고, 외부에서는 김문기金文起 등이 군사를 일으켜 나머지 적신賊臣들을 처단하기로 하였다.

그런데 한명회가 이상한 낌새를 눈치 채고 세조에게 건의하여 연회 자리가 좁다는 핑계를 들어 별운검을 세우지 않도록 하고, 또한 세자는 병을 칭하여 연회에 참석하지 않고 동궁에 머무르도록 조치하였다. 연회에 참석할 수 없게 된 성승, 박쟁, 유응부 등 세 사람은 그래도 거사를 하려 하였으나 박팽년과 성삼문이 이들을 만류하면서 "지금 세자가 본궁에 있으니, 만약 여기서 거사를 하였다가 혹시 세자가 변고가 난 것을 알고 경복궁에 있는 군사를 일으킨다면 일의 성패는 뻔할 것이니 다른 날을 택하여 거사하는 것이 좋겠습니다"라고 하였다. 성승 등 세 사람은 "이런 일은 서둘러 단행하는 것이 좋은데, 만약 늦추다가 비밀이 누설될까 두렵습니다. 세자는 궁중에 있으나 수양을 옹립한 주역들이 모두 여기에 있으니, 이들을 주살하고 상왕을 호위하여 왕좌에 앉게 하고 왕권으로써 명령을 내린다면 우리의 일은 반드시 성공할 것입니다. 지금이 천재일우의 기회인데 이때를 놓치는 것은 안 될 말입니다" 하면서 거사할 것을 계속 주장하였다. 그러나 박팽년과 성삼문이 그것은 완전한 계책이 아니라고 하면서 계속 만류하므로 결국 이들은 자신들의 주장을 포기하고 거사를 미루기로 하였다.

이처럼 거사가 지연되자 함께 단종의 복위를 기도했던 성균관사예成均館司藝(정4품) 김질金礩(1422~1478)은 일이 성사되기 어렵겠다는 생각에 후환이 두렵기도 하고, 자신의 위치를 역으로 이용하여 영달할 욕심이 생겼다. 그는 우선 장인[1]인 의정부우찬성議政府右贊成 정창손鄭昌孫(1402~1487)을 찾아가 사실을 고하고, "지금 세자가 어가御駕를 수행하지 않고 특별히 별운검을 세우지 않았으니, 이는 천운입니다. 먼저 거사를 고발하여 목숨을 건지는 것이 더 낫겠습니다"라고 하였다. 정창손은 하위지와 성삼문 등 여러 사람들이 모의에 참여한 것을 확인한 후 김질과 함께 곧바로 세조를 찾아가 직접 고변하였다. 당시의 고변 내용을 『세조실록』에서는 이렇게 기록하고 있다.

---

1) 지금까지 나온 대부분의 기록에는 정창손이 김질의 장인으로 기록되어 있으나, 김질의 神道碑文에는 정창손이 김질의 처당숙인 것으로 나와 있다.

성균사예 김질이 그 장인인 의정부우찬성 정창손과 더불어 청하기를, "비밀히 아뢸 것이 있습니다" 하므로, 임금이 사정전思政殿에 나아가서 인견引見하니, 김질이 이렇게 아뢰었다.

"좌부승지左副承旨 성삼문成三問이 사람을 시켜서 신을 보자고 청하기에 신이 그 집에 갔더니, 성삼문이 한담을 하다가 말하기를, '근일에 혜성이 나타나고, 사옹방司饔房의 시루가 저절로 울었다니, 장차 무슨 일이 있을 것인가?' 하므로, 신이 말하기를, '과연 앞으로 무슨 일이 있기 때문일까?' 라고 하였습니다. 성삼문이 또 말하기를, '근일에 상왕께서 창덕궁의 북쪽 담장 문을 열고 금성대군의 옛집에 왕래하시는데, 이것은 반드시 한명회韓明澮 등의 책략에 의한 것이리라' 하기에, 신이 말하기를, '그게 무슨 말인가?' 하니, 성삼문이 말하기를, '그 자세한 것은 아직 알 수 없다. 그러나 상왕을 좁은 곳에다 두고, 한두 사람의 역사力士를 시켜 담을 넘어 들어가 불궤不軌한 짓을 도모하려는 것에 지나지 않을 것이다' 라고 하였습니다. 이윽고 또 말하기를, '상왕과 세자는 모두 어린 임금이다. 만약 왕위에 오르기를 다투게 된다면 상왕을 보필하는 것이 올바른 도리이다. 모름지기 그대의 장인을 타일러 보라' 하므로, 신이 말하기를, '그럴 리가 만무하겠지만, 가령 그런 일이 있다 하더라도 우리 장인이 혼자서 어떻게 할 수 있겠는가?' 하니, 성삼문이 말하기를, '좌의정 한확은 북경에 가서 아직 돌

육신사 입구에 있는 충절문

육신사 외삼문

육신사 홍살문

육신사 육각비문

육신사 내삼문인 성인문

육신사 사당인 숭정사

아오지 아니하였고, 우의정 이사철은 본래부터 결단성이 없으니, 윤사로尹師路·신숙주申叔舟·권람權擥·한명회韓明澮 같은 무리를 먼저 제거해야 마땅하다. 그대의 장인은 사람들이 다 정직하다고 하니, 이러한 때에 창의唱義하여 상왕을 다시 세운다면 그 누가 따르지 않겠는가? 신숙주는 나와 서로 좋은 사이지만 그러나 죽어야 마땅하다' 하였습니다. 신이 처음에 더불어 말할 때에는 성삼문이 본래 허풍이 심한 사람이므로 우연히 하는 말이라고 여겼는데, 이 말을 듣고 나서는 놀랍고도 의심스러워서 다그쳐 묻기를, '역시 그대의 뜻과 같은 사람이 또 있는가?' 하니, 성삼문이 말하기를, '이개李塏·하위지河緯地·유응부兪應孚도 알고 있다' 라고 하였습니다."

임금이 명을 내려 숙위하는 군사들을 집합시키게 하고, 급하게 승지들을 불렀다. 곧 도승지 박원형朴元亨·우부승지 조석문曹錫文·동부승지 윤자운尹子雲과 성삼문이 입시하였다. 내금위內禁衛 조방림趙邦霖에게 명하여 성삼문을 잡아 끌어내어 꿇어앉힌 다음에 "네가 김질과 무슨 일을 의논했느냐?" 라고 물으니, 성삼문이 하늘을 우러러보며 한참 동안 있다가 말하기를, "청컨대 김질과 대면한 다음에 아뢰고자 합니다" 라고 하였다.

김질에게 명하여 그와 말하게 하니, 김질의 말이 다 끝나기도 전에 성삼문이 "더 이상 말할 것 없다" 하고서 이어 말하기를,

"김질이 말한 것이 대체로 맞지만, 그 곡절은 사실과 다릅니다"라고 하였다. 임금이 성삼문에게 "네가 무슨 뜻으로 그런 말을 하였는가?" 하고 물으니 "지금 혜성이 나타났기에 신은 참소讒訴하는 사람이 나올까 염려하였습니다"라고 대답하였다. 임금이 명하여 그를 결박한 다음에 "너는 반드시 깊은 뜻이 있을 것이다. 내가 네 마음을 들여다보기를 폐와 간을 보는 것처럼 다 알고 있으니, 사실을 소상하게 말하라" 하고는 명을 내려 그에게 곤장을 치게 하였다. 하지만 성삼문은 "신은 그밖에 다른 뜻이 없었습니다"라고 하였다. 임금이 같이 공모한 자를 물었으나 성삼문은 말하지 않았다.

임금이 말하기를, "너는 나를 안 지가 가장 오래 되었고, 나도 또한 너를 지극히 후하게 대접하였다. 지금 네가 비록 그 같은 일을 하였다고 하더라도 내 이미 친히 묻는 것이니, 네가 숨기는 것이 있어서는 안 된다. 네 죄의 가벼움과 무거움도 역시 나에게 달려 있다"라 하니, 성삼문이 "진실로 말씀하신 것이 옳습니다. 신이 이미 대죄를 범하였으니, 어찌 감히 숨김이 있겠습니까? 신은 실상 박팽년·이개·하위지·유성원과 같이 공모하였습니다"라고 대답하였다. 임금이 다시 "그들뿐만이 아닐 것이니, 네가 모조리 말함이 옳을 것이다"라고 하니, "유응부와 박쟁도 또한 알고 있습니다"라고 하였다.

임금이 명하여 하위지를 잡아들이게 하고 "성삼문이 너와 함께 무슨 일을 의논하였느냐?'라고 물으니 하위지는 "신은 기억할 수 없습니다"라고 대답하였다. 임금이 다시 말하기를, "성변星變의 일이다" 하니, 하위지가 "신은 전날 승정원에 이르러서야 비로소 성변을 알게 되었습니다"라고 대답하였다. 임금이 다시 "성변의 일로 인하여 불궤不軌한 일을 같이 공모하였느냐?'라고 물었으나 하위지는 아무 말도 하지 않았다. 그리하여 또 이개에게 묻기를 "너는 나의 옛 친구였으니, 참으로 그러한 일이 있었다면 네가 모조리 말하라"라고 하였으나 이개는 "저는 알지 못합니다"라고 대답하였다. 임금이 "이 무리들은 즉시 엄한 형벌을 가하여 국문함이 마땅하나, 맡아야 할 관청이 있으니, 그들을 의금부에 하옥하라" 하고 명하였다. 여러 죄수가 나간 다음에 임금이 "전일에 이유李瑜(금성대군)의 집 정자를 상왕께 바치려고 할 때, 성삼문이 나에게 이르기를, '상왕께서 이곳에 왕래하게 되신다면 참소하고 이간질하는 사람이 있을까 염려됩니다'라고 하기에 내가 경박하다고 여겼었는데, 지금 과연 이와 같구나"라고 하였다.

……

임금이 사정전思政殿으로 나아가서 이휘李徽를 인견하고, 다시 성삼문 등을 끌어들이고, 또 박팽년 등을 잡아와서 친히 국문하였다. 박팽년에게 곤장을 쳐서 함께 모사한 사람들을 물으니, 박팽년이 "성삼문·하위지·유성원·이개·김문기·성승·박쟁·유응부·권자신權自愼·송석동宋石同·윤영손尹令孫·이휘李徽와 신의 아비였습니다"라고 대답하였다. 다시 추궁하여 물으니 "신의 아비까지도 숨기지 아니하였는데, 하물며 다른 사람을 대지 않았겠습니까?' 하였다. 어떤 방법으로 시행하려 했는지를 물으니, "성승·유응부·박쟁이 모두 별운검이 되었으니, 무슨 어려움이 있겠습니까?' 라고 대답하였다. 그 시기를 물으니 "어제 연회에서 그 일을 하고자 하였으나 마침 장소가 좁다고 하여 별운검을 없앤 까닭에 뜻을 이루지 못하였습니다. 후일에 임금이 밖으로 행차할 때 노상에서 거사하고자 하였습니다"라고 대답하였다. 이개에게 곤장을 치고 물으니, 박팽년과 같이 대답하였다. 나머지 사람들도 다 공초供招에 대하여 승복하였으나, 오직 김문기만이 불복하였다.

이윽고 밤이 깊어지자 모두 하옥하라고 명하였다. 도승지 박원형·좌참찬 강맹경姜孟卿·좌찬성 윤사로尹師路·병조판서 신숙주申叔舟·형조판서 박중손朴仲孫 등에게 명하여 의금부 제조義禁府提調 파평군坡平君 윤암尹巖·호조판서 이인손李仁孫·이조참판 어효첨魚孝瞻과 대간臺諫 등과 함께 같이 국문하게 하였다. 유성원柳誠源은 집에 있다가 일이 발각된 것을 알고 스스로 목을 찔러 죽었다.(『세조실록』 4권, 2년 6월 2일 庚子)

본래 실록이란 정사正史이기는 하지만 변란의 상황에 있어서는 항상 승자의 관점에서 기록될 수밖에 없다는 한계를 가진다. 만약 하위지 등의 단종복위 시도가 성공했다면 실록의 기록은 기본 관점에서부터 바뀌게 될 것이므로 세부적인 내용 역시 크게 달라졌을 것이다. 그러므로 실록의 내용만이 사실이라고 믿는 것은 바람직한 태도라고 할 수 없다. 그렇다고 해서 실록이 완전히 날조된 것이라고 부정해서도 안 된다. 결국 사건에 대한 기본적인 전개는 실록의 기록에 따라 이해하더라도 세부적인 내용에 대해서는 전후 맥락을 잘 살펴서 비판적인 시각으로 파악하는 것이 필요할 것이다. 특히 이 사건처럼 왕위의 정당성에 대한 논란이 일어나는 경우에는 더 조심스럽게 살펴야 한다.

　『세조실록』은 세조의 재위在位 시에 사관들이 매일 기록한 사초史草를 토대로 예종 원년(1469)에 편집을 시작하여 성종 2년(1471)에 완성한 것이다. 즉 사초라는 기본 자료를 토대로 그것을 취사선택하고 각색하여 편찬한 것이다. 역사적 사실이라는 관점에서 볼 때, 세조를 몰아내고 단종의 복위를 모의한 이 사건은 당시 조정에 미친 파장이나 연루된 사람들의 숫자 등으로 본다면 엄청나게 많은 상황들이 다양하게 전개되었을 것이지만, 애석하게도 실록에 기록된 것은 그 가운데 일부분에 불과하다. 특히 『세조실록』이 편찬될 시기에는 이미 단종복위운동에 대한 인식과 평가가 어느 정도 이루어고, 사육신死六臣이라는 이름이 확정된 후였기 때문에, 실록 역시 사육신을 중심으로 이들에 대해 국

낙빈서원

문한 간략한 사실만 기록하였다. 수많은 사람들이 의금부에 잡혀가 국문을 받았을 것임에도 그들에 대한 내용은 모두 생략하고 성삼문·하위지·이개·박팽년·김문기에 대한 국문 기록과 유성원이 자결했다는 내용만 남아 있는 것은 바로 이 때문이다.

　『육신전六臣傳』 등에서 달리 전해오는 말에 따르면, 하위지가 국문을 받을 때 세조가 그의 재주를 아까워하며 "만약 네가 스스로 잘못을 뉘우치고 직접 가담하지 않았음을 변명한다면 너만은 죄를 면할 수 있을 것이다"라고 하였으나 하위지는 "이미 나에게 반역의 죄명을 씌웠으니, 그 죄는 마땅히 죽음을 받아야 하거늘 다시 무엇을 물으십니까?"라고 대답하였다. 이에 세조의 노여움이 조금 풀려서 하위지에게만은 쇠바늘을 불에 달궈서 지지는 형벌인 낙형烙刑을 행하지 않았다고 한다. 그런데 이와 반대로 국문과정에서 하위지에게 더욱 가혹한 형벌을 가했다는 이야기도 전해지고 있으므로 정확한 사실을 확인할 수는 없다.

또 하위지는 일이 누설되어 잡혀갈 것을 알고 급하게 유서를 작성하여 부인 김씨에게 맡기면서 "모든 식솔들이 잡혀갈 것이지만 귀동龜童은 아직 어리므로 화를 면할 수 있을 것이다"라고 하였다. 그는 유서에 서울의 집과 시골집에 있는 가산들 10조條를 적고 맨 끝에 '귀동국龜童碅' 세 글자를 적었다. 귀동의 이름을 '국'으로 하여 후사를 부탁한 것이다. 귀동은 아우인 하소지河紹地의 둘째 아들로 당시 일곱 살이었다.

단종을 복위하려는 모의에 가담한 사람들에 대한 처벌은 예외적으로 신속하게 진행되었다. 김질이 밀고한 지 며칠 되지도 않은 6월 8일 하위지는 다른 주모자들과 함께 군기감軍器監 앞에서 모든 대소신료들이 지켜보는 가운데 거열형車裂刑을 당해 사지가 찢겨 죽었다. 앞서 유성원은 자결하였고, 박팽년은 고문을 견디지 못해 옥에서 죽었는데, 이들의 시신 역시 거열형을 당하였다. 그 후 이들의 목을 효수하여 저잣거리에 3일 동안 매달아

창렬서원 전경

창렬서원 외삼문인 유의문

놓고 본보기로 삼았다. 수많은 사람들이 연루된 사건이었음에도
예외적으로 신속하게 처리한 것은 그만큼 세조가 느낀 위기의식
이 컸음을 반영한다. 세조는 혹시 다른 사람들이 사육신의 의리
정신에 동조하거나 민심이 이반하는 사태가 발생할까 두려워 하
루라도 빨리 사태를 종결시키고자 하였던 것이다. 이와 아울러
세조는 역모의 산실이 곧 집현전이라 생각하고, 6월 6일 집현전
을 혁파하고 소장하고 있던 서책을 모두 예문관으로 옮겨 관리하
도록 명하였다.

　　이들이 처형된 후에 혹시 역모에 연루될까 두려워서 그 시신
을 감히 거두는 사람이 없었으나, 며칠 후 김시습金時習(1435~1493)

이 몰래 시신을 수습하여 노량진 언덕에 안장하였다고 한다. 후일에 출간된 하위지의 연보나 묘갈명에는 부인 김씨가 사위인 이유의李惟義에게 부탁하여 사람을 사서 몰래 시신을 모시고 선산부 고방산古方山 언덕에 장사 지냈다고 되어 있으나, 현재 선산에 있는 하위지의 묘는 의관묘衣冠墓이며, 노량진에 있는 사육신묘 가운데 하위지의 묘 역시 가묘假墓일 뿐으로, 그의 시신이 정확히 어디에 있는지는 알 수 없다.

하위지의 가족들 역시 역모에 연루되어 큰 피해를 입었다. 형제 중에서는 남은 하강지와 하소지는 물론이고, 아직 어린 하위지의 두 아들 하호河琥와 하박河珀 역시 죽음을 면치 못했다. 특히 하박은 아직 약관도 되지 않았지만 금부도사禁府都事가 찾아왔을 때 조금의 두려운 기색도 없이 어머니에게 작별인사를 한 후에 따라가겠다고 하였다. 금부도사가 이를 허락하자 집으로 들어가 무릎을 꿇고 "아버지께서 이미 죽임을 당하였으니, 아들만 혼자 살아 있을 수 없습니다. 비록 조성의 명이 없다 하더라도 자결하는 것이 진실로 마땅합니다. 걱정스러운 것은 누이가 시집 갈 나이가 되었으니 장차 노비가 되더라도 부인의 의리를 지켜 한 사람만 좇아 섬길 수 있도록 하여 주십시오"라고 말한 후 두 번 절하고 나가 죽음을 맞았다. 사람들이 "그 아비에 그 아들이로다"라며 칭송하였다. 세조의 명에 의해 하위지의 아내 귀금貴수과 딸 목금木수은 지병조사知兵曹事 권언權躽의 노비로 귀속되었고, 하위지의 조카들인 하포河浦 · 하분河汾 · 하귀동河龜童(礪) 역시 모두 변방지역의 관노가 되었으나, 세조 9년(1464) 8월 26일 노비의 신분을 면하게 되었고, 세조 14년(1469) 9월 6일에는 완전히 방면되어 고향으로 돌아갈 수 있게 되었다. 이 중 하귀동은 이름을 하원河源으로 개명하고 하위지의 양자가 되어 제사를 받들었는데, 이후 숙종 31년(1705)에 하원을 하위지의 후사로 정한다는 교지를 내림으로써 후계를 공식적으로 인정하였다.

제2장 하위지의 유작시

1. 한시漢詩

도롱이를 빌려 준 박팽년에게 답하다(答朴仁叟彭年借蓑衣)

사나이로서 간직하고 버려야 할 것은 예나 지금이나 같으니
지금 머리 위에 분명히 밝은 해가 비치네.
도롱이를 내다 줌은 분명 담긴 뜻이 있을 것이니
오호에 가랑비 맞으며 서로 찾아 즐기리라.

男兒得失古猶今　　頭上分明白日臨
持贈蓑衣應有意　　五湖煙雨好相尋

송별하며 지은 시 두 수(送別二首)

팔방으로 쌓인 돌 주위로는 아직 석양빛이 밝은데
아비와 아들이 헤어지며 이별의 정을 말하네.
남겨진 한 수의 시를 차마 읽지 못하니
표주를 만들어 뒷사람에 나의 진심을 보이려네.
磊石八邊夕照明　父子臨分話別情
一首遺詩不忍讀　糕來示後見吾誠

군막 안의 빈객 중에 선량을 뽑는 것은
예로부터 조정에서 북방을 중히 여겼기 때문이니.
온 힘을 다해 노력하고 신묘한 계책을 발휘하여
우리 왕께서 동쪽을 돌아보며 근심하는 일이 없게 하라.
幕中賓選一時良　從古朝家重朔方
努力十分運奇策　莫令東顧遺吾王

노생원에게 보내는 시(贈盧生員)

성의 서쪽 편에 있는 노생원의 집은
누대 위에 올라 보는 풍경이 별천지와 같네.
푸른 소나무에 흰 눈이 쌓인 동창 밖에서

북쪽 장안을 바라보며 문안한 것이 몇 해이던고.

一片城西盧氏宅　臺中風景別藏天

靑松白雪東窓外　北望長安問幾年

장난으로 절구 한 수를 지어 처사 어른에게 받들어 올리다
(戱成一絶奉似處士☒²丈)

한 번 이별에 고운 모습 결국 아득하니　　一別嬋娟竟渺然

영남과 호남의 삼천 리 길을 어찌할까.　　嶺湖其奈路三千

이제는 마음속에 담은 일을 말할 수 있으니　此時可說心中事

마땅히 열 폭의 편지를 써서 보내야 하리.　　應費書兼十幅牋

제목 없음(無題)

의로운 무리로 구름처럼 일어난 선비들

위험을 무릅쓰고 작은 정성을 바치려 하네.

서리 내린 전장에서 웅대한 계획을 세워

눈이 과녁에 흩날릴 때 뛰어난 기예를 다투네.

천 리 밖의 적을 향해 용맹하게 부딪치고

---

2) 한 글자가 빠져 있어서 누구를 지칭하는지 알 수 없다.

한바탕 담소로 참된 뜻을 품었네.

등왕각의 도독 염백서의 우아한 모습을 다시 보니

적의 간담을 서늘하게 하여 큰 명성을 얻었네.

義族雲興俎豆生　　不辭危將效微誠

霜凝劒處雄謀轉　　雪擺帿時妙藝爭

千里折衝行儉勇　　一場談笑抱眞情

更看都督閤公雅　　賊膽應驚大范名

고향으로 돌아가는 직제학 최덕지 선생을 전송하다
(送崔直提學德之歸田)

장부의 들고 남은 예로부터 어려운 일인데

일찍이 물러가는 선생을 부러운 눈으로 쳐다보네.

소부³가 사직을 청한 것은 지족함 알기 때문이고

낙천⁴이 명을 안 것은 청빈과 여유로움을 사랑했기 때문이라.

십 년 만에 만나는 물고기와 새들은 옛 벗처럼 친근하고

---

3) 소부는 漢나라 疏廣을 말한 것이다. 소광은 宣帝 때 황태자의 太傅로 있었는데, 5년이 지나자 관직과 명성이 매우 높아졌다. 그러나 소광은 명성이 높아졌는데도 떠나지 않으면 후회할 일이 생길 것이라고 하면서 少傅로 있던 조카 受와 함께 사퇴하고, 장안의 동쪽 성문으로 나가 고향에 내려갔다.

길거리의 아이들은 기뻐하며 맞아 주네.

이제는 수풀 아래서 보더라도 부끄럽지 않으리니

더구나 맑은 명예가 조정에 가득했는데.

丈夫出處古來難　　喜覩先生早掛冠

疏傅乞骸知止足　　樂天知命愛淸閒

十年魚鳥親如舊　　三逕兒童候己歡

從此不慚林下見　　況今淸譽滿朝瑞

영친[5]하기 위하여 대구로 돌아가는 서거정 형제를 전송하다
(送徐剛中居正兄弟榮親歸大丘)

한 집안에 문과 무 그 이름이 향기로우니

형은 금오를 잡고 아우는 옥당이라네.

북당에 계신 노모는 효성스러운 봉양을 받을 것이고

금의환향에 남쪽 고을은 이미 광채가 빛나네.

---

4) 낙천은 唐나라 시인 白居易의 字이다. 백거이는 刑部尙書를 끝으로 관직을 사임하고 香山의 승려 如滿과 함께 香火社를 결성한 후 서로 종유하면서 香山居士라 자칭하였고, 또 만년에는 다른 여덟 원로들과 九老會를 결성하여 서로 왕래하면서 한적하게 풍류를 즐겼다고 한다.

5) 榮親이란 부모를 영화롭게 한다는 뜻으로, 과거에 합격하여 금의환향하는 것을 말한다.

영원6이 선후로 늘어서니 그대들이 너무나도 부럽구나.

자형紫荊나무가 삼등분되니 내 마음이 서글프다.7

월파정 아래로 난 길을 돌아다보니

온산 가득 소나무와 잣나무만 무성하구나.

一家文武姓名香　兄執金吾弟玉堂

鶴髮北堂膺孝養　錦衣南國已輝光

鴒原先後君堪羨　荊樹參差我獨傷

回首月波亭下路　滿山松柏鬱蒼蒼

종이로 만든 등에 연구로 짓다8(紙燈聯句)

달처럼 둥글게 만들어　　　　　　　　　做得氷輪樣

온 방 안의 빛을 간직했노라.　　　　　　藏爲一室光

---

6) 鴒原은 형제가 서로 우애하고 화목함을 나타내는 말이다.

7) 위진남북조 시대 梁나라의 吳均이란 사람이 쓴 『續齊諧記』에 "田眞의 형제 세
사람이 재산을 분배하면서 집 앞에 있는 자형나무까지 3등분하여 나누어 갖기
로 했더니, 그 나무가 갑자기 말라 죽었다. 이것을 본 전진이 뉘우치면서 사람
이 나무만도 못한 행위를 하였다고 흐느꼈고, 형제들이 서로 감동하여 다시 재
산을 분배하지 않기로 하자, 그 나무가 다시 살아났다"는 고사가 나온다. 하위
지는 이 고사에 빗대어 자신의 형제들이 함께 있지 못함을 아쉬워한 것이다.

표면은 온전히 깨끗함을 띠었고 　　　　面對十分潔

중심은 한 점 불꽃을 머금었다. 　　　　心含一點芒

순전한 옥돌같이 흠집이란 원래 없고 　　粹玉元無缺

붉기가 꽃 같은데 향기 없어 흠이로다. 　爛紅只欠香

꽃 같은 심지는 화사함 그대로를 본떴고 　芳心樣濃艷

하얀 바탕은 새로운 단장을 비웃네. 　　皓質笑新粧

글 읽는 자리에 유생도 승려도 동반하고 　清榻伴儒釋

먼지 쌓인 서책에선 제왕들을 비춰 준다. 　塵編照帝王

---

8) 『慵齋叢話』에 "세종이 처음으로 집현전을 설치하여 문학하는 선비들을 모아 놓고, 아침저녁으로 맞아서 자문하였다. 그러고도 오히려 문학이 진작되지 못할까 염려하여 그중에서 젊고 총명한 자를 선발하여 절에 가서 글을 읽게 하였으며, 供饋를 매우 풍족하게 해 주었다. 正統 임술년(1442, 세종 24)에 平陽 朴仁叟(박팽년), 高靈 申泛翁(신숙주), 韓山 李淸甫(이개), 昌寧 成謹甫(성삼문), 赤村 河仲章(하위지), 延安 李伯玉(이석형) 등이 왕명을 받고 삼각산 진관사에서 글을 읽었는데, 공부를 무척 부지런히 하였고, 詩를 주고받는 것도 쉬지 않았다. 그 당시에 승려 一菴이 항상 수행하면서 그 글들을 등사하여 전하였다"라 하였는데, 아래의 시는 그 가운데 하위지가 지은 부분만을 발췌한 것이다.

으슥한 곳을 비추니 일월과 같고　　　　　　　　　燭幽同日月

옥을 태우는 곳 어찌 곤륜산뿐이랴.　　　　　　　焚玉豈崑岡[9]

---

9) 곤강은 중국 서북쪽에 있는 崑崙山을 말한다. 『書經』에 "곤륜산에 불이 나면
　　옥과 돌이 다 타고 만다"라고 하였는데, 여기에서는 초가 하얀 몸통을 태우기
　　때문에 끌어온 말이다.

2. 시조時調[10]

孔夫子의 大聖으로도 陳蔡예 厄ᄒ시고
蘇秦의 口辯으로도 눔의 손에 죽어시니
아마도 이ᄒᄂᆞᆯ 아린ᄂᆞᆫ 어린거시 올토다.

睢陽山 月暈中에 누고누고 男子런고

---

10) 지금까지 하위지의 시조로 공식 확인된 것은 「客散門扃」한 편뿐이지만, 『청
구영언』 등에 隱臥堂의 작품으로 실려 있는 시조 가운데 14수는 하위지의 것
으로 볼 수 있다. 尹榮玉, 「丹溪 河緯地先生의 삶과 자취」, 『月巖書院誌』(월암
서원복원추진위원회 편, 2011) 참조.

秋霜은 萬春이오 烈日은 霽雲이라
千古에 有淚英雄이 이뿐인가 ᄒ노라.

龍馬負圖 ᄒ고 鳳鳥呈祥 ᄒ니
崇禎日月이오 大明天地로다
我東이 太平治化을 萬世無彊이샷다.

梧桐에 月上ᄒ고 楊柳에 風來ᄒ니
水面天心에 邵堯夫를 마조본 듯
이즁에 自然眞趣를 알니업서 ᄒ노라

내 집이 幽僻ᄒ야 風月江山 ᄀ리옛니
仁山은 뒤희 잇고 智水는 아퍼 잇다
一生에 樂山樂水ᄒ야 늙을뉘를 모르노라

客散門局 ᄒ고 風微月白 ᄒ데
酒甕을 다시열고 詩句를 훗브르니
아마도 山人得意는 이뿐인가 ᄒ노라

草堂에 春暮ᄒ고 園林에 花謝커늘
엊그제 비즌 술을 닉게醉코 누어시니

어즈버 山家今日이 太平인가 ᄒ노라

唐虞的 太平聖代 이제록 想象ᄒ니
巍巍蕩蕩ᄒ며 熙熙皞皞ᄒ던 줄이
아마도 天地삼긴 後론 이만적이 업세라

海漫漫 風飄飄ᄒ니 三山을 뉘라가리
童男童女도 舟中에서 늙엇ᄂ니
어즈버 有限ᄒᆫ 天命을 採藥으로 갈것가

時明에 ᄇ린몸이 老野와 벗이되야
長夏江村에 일마다 閑暇커니
老妻도 일업 ᄉ냥ᄒ야 바둑판을 그리더라

靑蒻笠 綠簑衣를 왼엇게에 두러메고
細雨江口로 낙대메고 ᄂ려가니
白鷗도 나를 반겨서 오락가락 ᄒ더라

人心을 낫ᄀᆺᄒ야 볼ᄉ록 새롭거늘
世事는 구롭이라 머홈도 머흐레라
世事와 人心이 이러ᄒ니 그를 슬허ᄒ노라

靑燈 걸린겻히 鈿供공후 노흐두고

꿈에나 님을보려 紗窓에 지혀시니

어딘셔 오젼된 돍의소릭 즘못들게 흐느니

제3장 후대의 하위지 관련 자료

1. 「단계전 丹溪傳」

(출처: 秋江 南孝溫(1454~1492)의 『六臣傳』)

하위지의 자字는 천장天章이고, 선산 사람이다. 세종 때 장원
급제하여 등과하였고, 사람됨이 조용하고 과묵하였으며, 하는 말
중에는 버릴 것이 없었다. 공손하고 예의가 발라서 대궐을 지날
때는 반드시 말에서 내려 걸어갔고, 비가 와서 길 가운데 웅덩이
가 있어도 길 가로 피해서 가지 않았다. 일찍이 집현전에 입시하
여 경연에 참여하면서 왕을 보좌하여 바르게 이끈 것이 많았다.
단종이 어린 나이로 왕위를 물려받을 때, 숙부인 대군들의 세력
이 강성하여 인심이 흉흉하였다. 박팽년이 어느 날 하위지에게
도롱이를 빌려 주었는데, 시를 지어 그 의도에 화답하였다. 이 시
에 이르기를 "사나이로서 간직하고 버려야 할 것은 예나 지금이

나 같으니, 지금 머리 위에 분명히 밝은 해가 비치네. 도롱이를 내다 줌은 분명 담긴 뜻이 있을 것이니, 오호五湖에 가랑비 맞으며 서로 찾아 즐기리라"라고 하였으니, 이는 대개 그 시대를 슬퍼한 것이다. 수양대군이 김종서 등을 죽이고 영의정에 오르자 하위지는 관복을 팔아 버리고 사간司諫의 벼슬 그대로 물러나 선산에 은거하였다.

수양대군이 단종에게 아뢰어 좌사간의 관직을 제수하고 교지를 내려서 하위지를 부르니, 하위지는 대략 다음과 같은 상소문을 올렸다. "신이 질병이 고질화되어 오랜 시간이 지나도록 회복되지 못하였습니다. 특별히 소환하시어 자급資級을 뛰어 넘어 좌사간左司諫이란 관직을 제수하시고 새로 정치를 해 보자는 뜻으로 유시하심을 받들어서 병을 무릅쓰고 방금 길을 떠났는데, 불행하게도 길을 떠난 그날에 찬바람을 쏘인 탓에 예전에 앓던 병이 발작하여 날마다 더하기만 하고 조금도 줄어들지가 않아 비록 억제하려 해도 되지 않으므로 머리를 떨구고 신음하연서 대궐을 연모하여 눈물만 흘릴 뿐입니다"라고 하였다. 또 말하기를 "신이 삼가 생각건대 최근에 발생한 변고는 역사에도 보기 드문 일입니다. 유명을 받아 국정을 보필해야 할 자나 또 가까운 친척으로 숙부인 자는 모두가 조정의 재앙과 복락을 함께해야 할 사람들임에도 이처럼 극심하게 무도한 짓을 저질렀다고 하니, 차마 들을 수가 없습니다. 그러나 이미 지나간 일은 추급할 수가 없으니, 말은 해 본들 무슨 도움이 되겠습니까?' 하면서, 또 말하기를 "권신과 간신을 제거하는 일은 예전부터 어렵게 여겼거니와, 그 뒤에 계속할 일이 더욱 어려운 것입니다. 등극하신 초기이므로 마땅히 먼 앞날을 내다보시고 깊이 생각하시며, 널리 많은 사람과 도모하여 익숙하게 헤아리시어 혹시라도 망설이거나 구차하게 하지 마시고, '무슨 탈이 있겠으며, 무슨 해가 있겠는가' 라고 하지도 말아야 합니다. 앞에 세운 공에 연연하여 후회를 끼치게 하는 일이 없게 해야 하며, 생각이 있는 자로 하여금 하고 싶은 말을 다 하기를 꺼려하게 함으로써 임금의 형세가 구속되어 혹시라도 눈과 귀를 가리게 되는 일이 없도록 해야 합니다. 거기에다 다시 더 일의 조짐을 보고 앞일을 예측하는 안목과 어지러운 시국이 잠시 안정되었다 하더라도 늘 조심조심 경계하는 계책에 대해 생각하여 왕실을 더욱 강성하게 하시고, 내치內治를 더욱 엄격하게 하여 권력의 문호를 막으며, 혐의할 만한 일을 더욱 버리고, 붕당의 조짐을 더욱 근절시켜야 합니다" 라고 하였다. 또 말하기를 "바라건대 오늘날 국정을 보필하는 책임을 맡은 자가 보부保傅의 도리를 더욱 다하여 성상의 몸과 마음을 날로 강성하게 하고, 성상의 학문을 날로 진취하게 하며, 성상의 덕을 하루빨리 성숙하게 하여서 하루속히 모든 정사를 친히 살핌으로써 우리나라의 수많은 백성들이 밤낮으로 바라는 마음에 부응하도록 해 주소서" 라 하였고, 또 "전하께서도 마땅히 눈과 귀를 활짝 열고 곧은 말을 받아들이시고, 강직한 신하를 친근히 하시고 아첨하는 신하를 멀리하시며, 국정을 보필하는 대신을 소중히 여기시고, 행동은 반드시 예를 따라 하셔서 어려운 현재의 상황을 타개하심으로써 돌아가신 문종께서 '국가의 기반을 버려서는 안 된다' 고 하신 바람에 부응하소서. 한갓 스스로 겸손한 마음으로 '어린 내가 어찌 감히 할 수 있겠는가' 라고 여겨서는 안 될 것입니다"라고 하였다.

그 뒤에 세조가 선위를 받자 교서敎書를 보내 출사하기를 더욱 청하였다. 하위지가 부르심에 나아가니 예조참판을 제수하고 매우 총애하였다. 하위지는 상왕(단종)의 연세가 어린 탓에 부득이하게 선위한 것을 안타까워하고, 세조의 녹을 먹는 것이 부끄러워 참판이 된 이후로는 그 녹을 한 방 안에 쌓아 두고 먹지 않았다. 병자년의 변고에 이르러 성삼문 등에게 쇠침을 불에 달구어 생살을 지지는 낙형烙刑을 시행하고, 다음에 하위지의 차례에 이르니, 하위지가 말하기를 "무릇 사람이 반역자라는 이름을 얻었으면 이는 여타 유배에 처하는 것과 같은 것이 아니니, 다시 무슨 죄를 더 물을 것이 있는가? 이미 역적이라는 이름을 씌웠으면 그 죄에 대해 마땅히 죽일 뿐이지 다시 무엇을 묻는가?' 하니 세조가 노여움이 풀려 낙형을 시행하지 않았다. 성삼문 등의 사람들과 더불어 모의하였다가 같은 날에 함께 죽었다. 세종께서 인재를 양성하여 문종 때에 이르러 크게 성하였는데, 그 당시의 인물을 논할 때는 하위지를 추대하여 우두머리로 삼았다.

河緯地字天章善山人. 世宗朝登第壯元, 爲人沈靜寡默, 口無擇
言. 恭而有禮, 過闕必下馬雖雨潦未嘗避路. 嘗在集賢殿侍, 經
幄多所裨正及. 魯山嗣位幼沖八公子强盛人心洶洶. 朴彭年嘗
借蓑衣於緯地, 以詩答寄曰. 男兒得失古猶今, 頭上分明白日臨,
持贈蓑衣應有意, 五湖煙雨好相尋. 蓋傷時也. 及誅金宗瑞, 光
廟爲首相緯地盡賣朝服, 以前司諫退居善山.
光廟白上拜爲左司諫下敎徵之, 緯地上書略曰. 臣疾病纏綿, 久
未平復. 特蒙召還, 超授左司諫之職, 諭以更始之意, 今方力疾
就道, 不幸就道之日, 冒寒中風, 舊證增劇, 有加無減, 雖欲力疾,
又不可得, 垂首呻吟戀闕流. 又曰, 臣竊念近日之變, 簡策所罕.
或受遺輔政, 或叔父懿親, 皆與國同休戚, 而不道之甚, 乃至於
此, 不可忍聞. 然往者無及, 論之無益. 又曰, 除權奸, 自古爲難,
而繼其後者, 尤爲難也. 更始之初, 所宜長慮卻顧, 廣謀熟計, 毋
或依違苟且, 毋曰何傷何害. 毋狃前功而胎後悔, 毋使有懷者憚
於盡言而主勢有所拘束或成壅蔽. 更思復霜苞桑之計, 益强公
室, 益嚴內治, 益杜權門, 益去可嫌之事, 益絶朋附之漸. 又曰,
願今任輔政之責者, 庶幾益盡保傳之道, 使聖體日康, 聖學日就,
聖德速成, 親萬幾以副百萬赤子日夜, 顒顒之望, 又曰, 殿下亦宜
開張聰聽, 延納讜論, 親骨鯁遠讒佞, 敬重輔政大臣, 克濟艱難之

運, 以慰文宗皇考之望. 不宜徒自謙抑曰, 予小子何敢而已也.
後光廟受禪, 敎書請求益勤. 緯地就, 召拜禮曺參判, 甚寵幸焉.
緯地憐上王年富而遜位, 耻食祿, 自參判以後, 別貯一室而不食.
及丙子之變, 施烙刑三問等, 次及緯地曰, 夫人有反逆之名, 則
非他徒流之比, 更問何罪. 旣加以反逆之名, 其罪應誅滅矣, 夫
復何問. 上怒弛不施烙刑. 以與成三問等, 同議同日死. 世宗養
育人材, 至文宗時大盛, 當時論人物, 推緯地爲首.

2. 「충렬공단계하선생묘갈명
忠烈公丹溪河先生墓碣銘」
(출처: 旅軒 張顯光(1554~1637), 『旅軒先生文集』)

　　선생의 휘는 위지緯地요 자字는 천장天章이다. 하씨는 진양晉陽을 관향으로 하였는데, 선대로부터 선산善山에 와 거주하였다. 선생의 부친은 하담河澹으로 청송군사靑松郡事를 지냈으며 조부 이상은 기록이 남아 있지 않다. 선생은 선산부의 영봉리迎鳳里에서 생장하였는데, 어렸을 때에 작은 서재를 마련하고 형제가 함께 거처하며 문을 닫고 책을 읽었으므로 사람들은 그 얼굴을 보지 못하였다.

　　세종조 무오년戊午年(1438, 세종 20)에 선생은 문과에 장원급제하여 집현전에 선발되어 있으면서 늘 경연에 참여하여 세종을 보필하였다. 문종文宗 때에 선생은 계속 집현전에 있으면서 명을 받들고 여러 유신儒臣과 『역대병요歷代兵要』를 편찬하였으며, 노산군魯山君(단종) 초년에 사헌부집의司憲府執義로 있으면서 『역대병요』를 완성하였다. 세조가 수양대군으로서 『역대병요』를 편찬한 신하들에게 직품職品을 올려 줄 것을 청하여 선생을 중훈대부中訓大夫에서 중직대부中直大夫로 승진시키자, 선생은 홀로 "품계를 올려 주자는 청이 아래에서 나왔으니 이제 그 농락籠絡을 받을 수 없다" 하고는 계속 굳이 사양하니, 집의에서 교체되어 직제학直提學이 되었다. 이에 병을 핑계로 온천에 가서 목욕할 것을 청하고 고향으로 내려갔다. 김종서金宗瑞·황보인皇甫仁 등이 죽음을 당하자, 선생은 조정으로 돌아갈 뜻이 없었다. 좌사간左司諫으로 부름을 받고 겨우 길에 올랐다가 병으로 나아가지 못하고 이어 글을 올려 생각한 바를 말하였는데, "서리를 밟으면 단단한 얼음이 이른다"(履霜堅冰至)는 경계와 "나라의 근본이 튼튼해야 된다"는 말, "내치內治를 엄격히 하고 권문세가를 막아야 한다"는 등의 말로 은근함을 다하였으니, 대체로 소망하는 것이 간절하고 염려함이 깊었다.

을해년乙亥年(1455, 세조 원년)에 세조가 선위禪位를 받자 선생은 부름에 나아가 예조참판이 되었는데 그 뜻은 사실 다른 데 있었다. 그러므로 받은 녹봉을 따로 비축해 놓고 먹지 않았다. 다음 해인 병자년丙子年에 김질金礩의 고변告變으로 곧 박팽년朴彭年·성삼문成三問·이개李塏·유성원柳誠源·유응부兪應孚와 같은 날

죽음을 받으니, 아! 이것이 선생의 처음과 끝일 따름이다.

선생의 묘는 선산부善山府 서쪽 고방산古方山 언덕에 있으며, 부인 김씨金氏와 유택幽宅을 함께하였다. 옛날에는 작은 비갈碑碣이 있었으나, 근년 왜구가 선산부를 점거했을 때 쓰러뜨려 부숴 버렸다. 이제 선생의 외5대손인 김곤金崑이 다시 세우려 하는데, 옛 비갈의 글을 잃어버렸으므로 새 글을 얻어 비갈에 새기기를 원하였다. 아! 선생의 사업은 해와 달과도 같이 광채가 나는데 어찌 말을 기다릴 필요가 있겠으며, 하늘과 땅이 알고 있는데 또 어찌 글로 사람들에게 보일 것이 있겠으며, 또 심상한 문장력으로 어찌 그 만분의 일이라도 드러낼 수 있겠는가? 감히 지을 수 없다고 사양하니, 김군이 말하기를 "예전 사람이 비碑를 세웠고, 받침돌이 아직 남아 있으니, 반드시 복구해야 합니다" 하고 드디어 여러 번 찾아오며 더욱 굳게 청하였다. 그러므로 비로소 감히 그 전하여 들은 바를 대략 서술한다.

선생의 아름다운 말씀과 훌륭한 행실로서 세상의 가르침이 될 만한 것에 있어서는 어찌 한두 가지 뿐이겠는가? 그러나 집이 몰락하여 전하는 것이 없고 오직 추강秋江 남효온南孝溫의 『육신전六臣傳』만이 세상에 전한다. 여기에 선생을 일컬어 "사람됨이 침착하고 과묵하여 입에 버릴 말이 없었다" 하였고, 또 이르기를 "세종이 인재를 길러 당시 인재가 가장 무성하였는데, 이때의 논의는 선생을 으뜸으로 추존했다" 하였으니, 이 역시 선생의 대략을 알 수 있는 것이다. 소양素養에 수립한 것이 본디 근본이 있으니, 어찌 마침내 곧 이 큰 절의節義가 있는 것이 아니겠는가?

선생의 형 하강지河綱地는 선생보다 먼저 과거에 급제하였고, 아우 하기지河紀地는 선생과 함께 동방급제同榜及第하였으며, 막내아우 하소지河紹地는 생원生員이었다. 선생은 아들 하연河漣이 있었는데, 역시 생원이었으며 아울러 화를 당하였다. 딸은 이유의李惟義에게 출가하였고, 이유의의 사위는 현감縣監 김중경金仲卿이며, 김곤金崑은 곧 그 증손이다. 김곤이 이 비석을 세울 적에 홍서익洪瑞翼 공이 이 고을 수령이었는데 많은 도움을 주어 이루게 하였고, 또 묘를 지키는 종 약간 명을 내어 주어 대대로 지키게 하였으며, 또 김곤의 서자와 조카 네 명에게 부역과 세稅를 면제하여 향화香火를 맡게 하니, 윤리를 붙들어 세움에 유념함이 역시 정성스러웠다. 비를 세운 것은 만력萬曆 44년(1616, 광해군 8) 여름 4월이었다. 다음과 같이 명銘을 쓴다.

군자가 변에 처하는 사업이 있으니
이 또한 하나의 의를 성취하는 것이네.
하고자 하는 바가 사는 것보다 더 중요하면
사는 것도 버리며,
싫어하는 바가 죽는 것보다 더 심하면
죽는 것도 회피하지 않네.

몸은 도끼에 기름칠이 되었으나

공로가 강상에 남아 있네.

넉 자의 황폐한 무덤은

사람들로 하여금 머리털이 꼿꼿이 서고 뼛골이 시리게 하니

이곳이 바로 선생의 의관을 보관한 곳이라네.

先生諱緯地, 字天章. 氏貫晉陽籍, 先世來居善山. 考諱澹, 青松郡事, 王考以上, 莫之記. 先生生長于府底迎鳳里, 幼時置一小齋, 與兄弟共處, 杜門讀書, 入不見其面.

世宗朝戊午, 先生擢壯元, 選居集賢殿, 常補拾經幄. 文宗時, 先生仍在集賢殿, 奉命與諸儒臣撰歷代兵要, 魯山初年, 先生在司憲府執義, 而歷代兵要成. 世祖以首陽大君, 啓請加撰集諸臣職秩, 先生以中訓陞中直, 獨啓以爲加秩之請恩出於下, 今不可受其籠絡, 堅辭不已, 則遞執義爲直提學. 遂呈病乞浴溫井而下鄉. 及金宗瑞皇甫仁等見誅, 無意還朝. 至徵以左司諫, 纔登道病不赴, 仍上書陳懷, 以履霜苞桑, 嚴內治杜權門等語, 致懃懇焉, 蓋望之者切, 慮之者深也.

乙亥, 世祖受禪, 先生就召爲禮曹參判, 其志則固有在也. 所賜祿, 別儲而不食. 明年丙子, 因金礩上變, 卽與朴彭年 · 成三問 · 李塏 · 柳誠源 · 兪應孚, 同日受誅, 嗚呼, 此惟先生之始終也已.

先生有墓, 在府西古方山之原, 夫人金氏同其宅. 舊有小碣, 頃年倭寇據府, 不免仆碎. 今先生外五代孫金嵓, 爲復豎之, 而失其舊刻之文, 願得新詞以揭之. 噫, 先生事業, 日月如也, 光燄自赫, 其何待於言乎, 天地知之, 又何用文詞以示人哉, 且以尋常筆力, 豈得發揚其萬一歟. 辭以不敢, 則金君之言曰, 前人旣碑之, 砆石猶在, 決不可不復. 遂屢來莫停, 其請愈堅. 故始敢略敍其所傳聞者矣.

至於先生之嘉言懿行, 可爲世教者, 夫豈一二哉. 而家沒無傳焉, 惟南秋江孝溫傳六臣行于世. 稱先生曰, 爲人沈靜寡默, 口無擇言, 又曰, 世宗養育人才, 在當時方盛, 當時之論, 推先生爲首, 此亦足以槩知之者爾. 豈樹立於素養者, 固有其根本, 故做出於畢竟者, 乃有此大節義也哉.

先生之兄綱地, 先先生登第, 弟紀地, 與先生同榜, 季弟紹地, 生員. 先生有子曰漣, 亦生員, 并坐於禍. 有女適李惟義, 李之壻曰縣監金仲卿, 嵓卽其曾孫. 嵓之爲是碑也, 洪公瑞翼守是邦, 多所施濟以成之, 又出墓僕若干, 以世其守, 又復嵓之孼子姪四人, 俾典香火, 其所以留意扶植者亦誠矣. 碑之立, 是萬曆四十四年夏四月也. 銘曰, "君子有處變事業, 蓋亦成就一箇義. 所欲有甚於生, 生可捐棄, 所惡有甚於死, 死不違避. 身膏鈇鉞, 功在綱常. 四尺荒封, 令人髮竪而骨凜, 是先生衣冠之藏."

3. 「하선생의 묘소에 비갈을 세움을 고유한 글」(告由文, 출처: 旅軒 張顯光, 『旅軒先生文集』)

아, 선생이시여,	嗚呼先生
의리가 있음만 알고	知有其義
자신은 생각하지 않으셨으니,	不有其身
사후의 이름을	身後之名
어찌 굳이 사람들에게 전할 것이 있겠습니까?	豈須傳人
천지를 저버리지 않음이	不負天地
오직 바라신 바였으니,	惟其所欲
묘갈의 있고 없음이	墓碣有無
어찌 가감이 될 것이 있겠습니까?	何損何益
선인들이 묘갈을 세웠던 것은	先人有豎

추모하는 정에서 나온 것이고,	追慕之情
지금 다시 세움은	在今復之
다함이 없는 정성 때문입니다.	罔墜之誠
큰 절개를 찬양한다면	若揚大節
조각돌에 어찌 다할 수 있으며,	片石焉悉
높은 의리를 표창한다면	若章高義
작은 붓으로 어찌 다할 수 있겠습니까?	寸毫曷述
정성을 게시함에 근거할 것이 없으므로	揭虔無憑
다만 떳떳한 법식을 따를 뿐이옵니다.	只遵常式
이치는 영원히 우주에 남아 있어	理在宇宙
아, 끝없이 이어 갈 것입니다.	於昭無極

4. 「하선생사실河先生事實」

(출처: 松窩 李堅(1522~1600), 『松窩雜說』)

남효온의 「추강기사秋江記事」에는 선생을 선산 사람이라고 하였는데, 여헌旅軒 장현광張顯光 선생이 묘갈명墓碣銘을 지으면서는 선생의 관향이 진양晉陽이라고 하였다. 지금 선생이 친필로 쓴 성명姓名과 관향을 보니, 단계丹溪라고 지칭하였고, 연구聯句로 지은 「삼각산」 시에도 적촌赤村이라고 하였는데, 단계와 적촌은 모두 단성丹城의 별호이다. 아마도 선생의 본관本貫은 실제로 단성이 맞고, 추강이 기록한 것은 당시에 살던 곳을 가리킨 듯하다.

○ 선생의 휘는 위지緯地이고, 자는 중장仲章인데, 또 천장天章이라고도 한다. 명나라 선덕宣德 을묘년乙卯年(1435, 세종 17) 생원

시에 합격하고, 정통正統 무오년戊午年(1438, 세종 20) 식년시式年試 을과乙科에 장원으로 급제하였으며, 관직은 예조참판禮曹參判에 이르렀다.

○ 하위지의 자는 천장天章이며, 선산 사람으로, 세종조에 장원으로 급제하였다. 사람 됨됨이가 침착하고 과묵하였고, 하는 말 중에는 버릴 것이 없었으며, 행동은 공손하면서도 예의가 발랐다. 대궐을 지날 때는 반드시 말에서 내렸으며, 비록 비가 와서 웅덩이가 파이더라도 갓길로 피해 걷지 않았다. 항상 집현전集賢殿에 있으면서 경연에 참여하여 임금을 모실 때에 도움을 드린 바가 많았다. 세종이 인재를 양성하였는데, 문종 때에 이르러 바야흐로 융성하였으며, 당시에 인재를 논하면서 하위지를 첫머리로 추대하였다.(「秋江記事」)

○ 명나라 천순황제天順皇帝가 북쪽 오랑캐에게 포로로 잡혀갔을 때, 하위지가 항상 감개하면서 말하기를 "천자가 몽진한 것에 대하여 천하가 다 같이 분노하고 있는데, 우리가 비록 해외海外의 배신陪臣이기는 하지만 어찌 아무렇지도 않은 것처럼 근심하지 않을 수 있겠는가"라고 하면서 매번 집 밖에 거처하면서 침실에 들어가지 않았다. 이 사람의 뜻과 행실이 이와 같았으니, 그 충의忠義를 다하여 국가에 몸 바친 것을 알 만하다.(「戊寅記聞」)

○ 병자년丙子年(1456, 세조 2)의 참화에 하위지도 형을 당하였다. 그의 처자가 선산에 있었는데, 조정에서 연좌하여 처벌하려

고 금부도사禁府都事를 보내서 조처하게 하였다. 하위지에게 두 아들이 있었다. 큰아들은 이름을 하호河琥라 하는데 당황하여 어찌할 줄을 모르고 땅에 엎드려 말이 없었고, 둘째 아들의 이름은 하박河珀으로 나이가 아직 스물이 못 되었는데 조금도 두려워하는 기색이 없이 행동이 평상시와 같았으며, 금부도사를 돌아보고 말하기를 "달아날 리가 없으니, 형 집행을 조금만 늦추어 주시오. 부득이 모친에게 마지막으로 드릴 말씀이 있습니다"라고 하였다. 금부도사가 청을 들어주니, 하박이 문으로 들어가서 모친 앞에 꿇어앉아 고하기를, "죽는 것은 어렵지 않습니다. 아버지께서 이미 죽음을 당하셨으니, 자식으로서 홀로 살 수는 없습니다. 비록 조정의 명령이 없더라도 당연히 자결해야 할 것입니다. 다만 하나밖에 없는 누이가 시집갈 나이가 되었으니, 비록 적몰되어 천한 종이 되더라도 부인의 의리를 지켜 한 지아비를 좇아서 일생을 마치도록 해야 할 것이니, 뒷날 개돼지 같은 행실은 하지 말도록 하소서"라고 하였다. 이윽고 두 번 절하고 나와서는 조용히 죽음을 맞이했다. 사람들이 모두 하위지는 또한 훌륭한 자식을 두었다고 칭송하였다.

秋江記事, 以先生爲善山人, 旅軒張先生, 作先生墓銘, 亦先
生籍貫晉陽. 今按先生親筆, 姓鄕稱以丹溪, 三角山聯句,
亦稱赤村, 皆丹城別號. 先生本貫, 實丹城, 秋江所記, 指時

居而言也.

○ 先生諱緯地, 字仲章, 又曰天章. 宣德乙卯(世宗17年), 生員試(南軒榜中二等十八人), 正統戊午(世宗20年), 式年乙科第一人, 官至禮曹參判.

○ 河緯地字天章, 善山人也. 世宗朝壯元. 爲人沈靜寡默, 口無擇言, 恭而有禮. 過闕必下馬, 雖雨潦未嘗避路. 常在集賢殿侍經幄, 多所裨正. 世宗養育人才, 至文廟時方盛, 當時論人才, 推以緯地爲首.(秋江記事)

○ 天順皇帝沒封勇, 時河緯地常感慨曰, 天子蒙塵, 天下所共憤, 我輩雖海外陪臣, 豈可恬然不預其憂乎, 每處外廊, 不入寢室. 斯人之志行如是, 其忠義徇國可知云云.(戊寅記聞)

○ 丙子之禍, 河緯地見法. 其妻子在一善, 朝廷議以連坐之律, 道禁府都事處之. 緯地有二子. 長曰琥, 惘忽失措, 仆地無言, 次曰珀, 年未弱冠, 略無慢色, 動止自若, 顧謂都事曰, 萬無亡命之理, 願少緩之. 不得已與母有告訣之言矣. 都事聽之, 珀入門跪告於其母曰, 死不難也. 父旣被殺, 子不可獨生. 雖無朝廷之命, 猶當自決. 但有一妹, 年將就笄, 雖沒爲賤隷, 婦人之義, 猶當從一而終, 勿爲狗彘之行於他日也. 遂再拜而出, 從容就死. 人皆謂緯地又有子矣.

5. 「계후사교지繼後事(養子)敎旨」

(출처: 『숙종실록』, 31년(1705) 12월 6일 기사)

예조판서 민진후閔鎭厚가 청대請對하여 말하기를, "고故 사간司諫 하위지河緯池는 신원伸寃되고 관작이 회복되었으나, 다만 하위지에게는 아들이 없었으므로 그 아우인 하소지河紹池의 아들로서 아명이 귀동龜童이라는 자를 후사로 삼으려고 옥중에 있을 때 종이에다 써서 집에 두게 하였는데, 그 아래에 귀동과 국礦자를 쓰고 이어서 서명을 하였으니, 대개 국자를 귀동의 관명冠名으로 삼으려고 글을 남긴 듯합니다. 그러나 화를 당한 뒤에 그 집에서 감히 후사를 잇지 못하고, 하위지의 아내 김씨金氏가 귀동을 그 외가에 맡겨서 겨우 화를 면하였습니다. 귀동의 형제 항렬은 다 석石이라는 글자를 변으로 하는 이름 짓기를 두려워하였으므로

감히 국을 이름으로 삼지 못하고, 원源 자로 고쳐서 하위지의 제
사를 받들었으나 이미 후사를 이은 일이 없으니 자손이라 칭하지
도 못한다고 합니다. 만약 특별한 은전恩典으로 하원을 하위지의
후사로 삼는다면 성덕이 더욱 빛날 것입니다. 신이 하위지가 남
긴 글을 보고 슬픔을 금하지 못하였기에 감히 아뢰는 것입니다"
라고 하였다.

　　임금(숙종)께서 말하기를, "육신六臣은 다른 사람들의 경우와
는 다름이 있으니, 어찌 후사를 이어 주지 않을 수 있겠는가? 아
뢴 바에 따라 특별히 시행하라"라고 하였다.

禮曹判書閔鎭厚請對, "故司諫河緯池(地), 伸冤復官, 而第緯池
(地)無子, 欲以其弟紹池(地)子兒名龜童者爲後, 在獄中時, 列書
家藏於一紙, 其下書龜童及礵字, 仍着署押. 蓋欲以礵字爲龜童
冠名, 有若成文矣. 遭禍後, 其家不敢繼後, 緯池(地)妻金氏, 托
龜童於其外家, 僅得免禍. 而龜童兄弟行, 皆以石邊作名, 畏約
之故, 不敢以礵爲名, 改以源字, 仍奉緯池(地)之祀, 而旣無繼後
事, 不敢稱子孫云. 若特用恩典, 以河源, 爲緯池(地)之嗣, 則聖
德益光矣. 臣見其文跡, 不勝愴然, 敢達." 上曰, "六臣與他有別,
何可不爲繼絶乎? 依所達特施."

6.「부조사교지不祧事敎旨」

(출처:『순조실록』, 4년(1804) 4월 12일 기사)

충렬공忠烈公 하위지河緯地에게 부조不祧의 은전을 베풀라 명하였다. 승지 홍의호洪義浩(1758~1826)의 아룀으로 인해 예조로 하여금 대신들에게 의논하도록 명했던 것이다.

命施忠烈公河緯地不祧之典. 因承旨洪義浩啓, 命禮曹議大臣也.

제4장 하위지 연보

태종 12년(1412) 1세. 선산부善山府 영봉리迎鳳里에서 출생. 부
　　　　　　　　　친은 지청송군사知青松郡事 하담河澹이고,
　　　　　　　　　모친은 흥해군수興海郡守를 지낸 유면兪勉
　　　　　　　　　의 따님인 기계유씨杞溪兪氏임.

세종 17년(1435) 24세. 을유乙酉 생원시生員試 제2등 17인으로
　　　　　　　　　합격.

세종 20년(1438) 27세. 무오戊午 식년시式年試 문과文科 을과乙
　　　　　　　　　科에 장원으로 급제. 집현전부수찬集賢
　　　　　　　　　殿副修撰(종6품)에 제수됨.

세종 21년(1439) 28세. 10월 병으로 사직하자 세종이 약을 내
　　　　　　　　　려 치료하도록 함.

세종 22년(1440) 29세. 집현전부수찬으로 복직함. 언로言路를
　　　　　　　　　열기 위해 고약해高若海를 방면하라는
　　　　　　　　　상소를 올림.

세종 24년(1442) 31세. 세종의 명으로 박팽년朴彭年, 이개李塏,
　　　　　　　　　성삼문成三問, 신숙주申叔舟 등과 삼각
　　　　　　　　　산三角山 진관사津寬寺에서 사가독서賜
　　　　　　　　　暇讀書를 함.

세종 25년(1443) 32세. 집현전수찬集賢殿修撰(정6품)으로 승진.
　　　　　　　　　『치평요람治平要覽』편찬에 참여.

세종 26년(1444) 33세. 집현전부교리集賢殿副校理(종5품)가 됨. 『오례의五禮儀』 편찬에 참여. 왕명으로 『권농교서勸農敎書』를 지어 올림.

세종 27년(1445) 34세. 『치평요람治平要覽』 완성.

세종 28년(1446) 35세. 3월 소헌왕후昭憲王后가 졸하자 세종의 명을 받아 상제喪制를 상고함. 9월 형 하강지河綱地가 탄핵을 받고 전라 감옥에 수감되자 동생 하기지河紀地와 함께 사직하고 전라도로 내려가 형을 간호함. 11월 집현전교리集賢殿校理(정5품)가 됨.

세종 29년(1447) 36세. 4월 형의 환난과 동생 하기지의 초상으로 인해 사직함.

세종 30년(1448) 37세. 4월 원손元孫 이홍위李弘暐를 왕세손王世孫으로 책봉함. 세종이 왕세손을 안고 집현전에 와서 학사들에게 "내가 죽은 후에도 이 아이를 보호하라" 당부함.

세종 31년(1449) 38세. 2월 『고려사』 편찬에 참여함. 『치평요람』 편찬에 참여한 공으로 상자賞資를 받음.

세종 32년(1450) 39세. 2월 세종이 승하하고 문종이 즉위함.

5월 사헌부장령司憲府掌令(정4품)에 제
수됨.

문종 원년(1451) 40세. 집현전직전集賢殿直殿(정4품)에 제수됨.
10월 『역대병요』 편찬에 참여. 일본 조
문사弔問使를 맞이하는 선위사宣慰使에
임명됨.

문종 2년(1452) 41세. 2월 선위사의 직무를 수행. 5월 문종이
승하하고 단종이 즉위함. 성삼문, 박팽
년 등과 함께 단종을 부탁한다는 문종
의 고명顧命을 받음.

단종 원년(1453) 42세. 중훈대부中訓大夫 사헌부집의司憲府執義
(종3품)에 제수됨. 『역대병요』가 완성되
자 편찬에 참여한 공으로 수양대군의
요청에 의해 중직대부中直大夫로 승급
하였으나 받을 수 없다고 사양하였으
며, 집현전직제학集賢殿直提學(종3품)에
제수되었으나 병을 핑계로 선산으로
퇴거함. 10월 10일 계유정난이 일어나
황보인, 김종서 등이 피살됨. 사간원좌
사간司諫院左司諫(정3품)에 제수되었으나
「사좌사간소辭左司諫疏」를 올리고 나아

가지 않음. 12월 집현전부제학集賢殿副提學(정3품)에 제수되었으나 다시 사직 상소를 올리고 나아가지 않음.

단종 2년(1454) 45세. 1월 단종의 거듭된 요청으로 마음을 바꾸고 집현전부제학을 맡음. 3월 『세종대왕실록』 편찬에 참여함.

단종 3년(1455) 44세. 윤6월 10일 예조참의禮曹參議(정3품)에 제수됨. 윤6월 11일 단종이 수양대군에게 양위함. 윤6월 23일 예조참판禮曹參判(종2품)에 제수됨. 8월 세조가 '의정부서사제議政府署事制'를 폐지하고 '육조직계제六曹直啓制'를 부활시키자 이에 반대하였다가 의금부에 하옥됨.

세조 2년(1456) 45세. 6월 1일 창덕궁에서 단종을 복위시키기 위한 거사를 계획하였으나 일이 여의치 않아 후일을 도모하기로 함. 6월 2일 김질의 고변으로 성삼문, 박팽년, 이개, 김문기 등과 국문을 받음. 6월 8일 군기감軍器監 앞에서 거열형車裂刑에 처해짐.

세조 4년(1458). 세조의 명으로 계룡산 동학사에서 위령제가 열림.

세조 14년(1468). 9월 단종복위운동에 연좌되어 귀양을 가거
　　　　　　　　나 노비가 된 사람들을 방면함.

광해군 8년(1616). 선생의 묘도墓道를 보수하고 묘갈墓碣을 세
　　　　　　　　움. 여헌旅軒 장현광張顯光이 묘갈명을 찬함.

인조 14년(1636). 선산부善山府 내격묘來格廟에 위판을 봉안함.

효종 2년(1651). 5월 사육신의 의총비疑塚碑를 노량진 남쪽 언
　　　　　　　　덕에 세움. 비문은 미수眉叟 허목許穆이 지음.

효종 9년(1658). 박팽년의 7대손 박숭고朴崇古가 사육신의 유
　　　　　　　　문遺文을 수집하고, 언행과 사적에 관련된 글
　　　　　　　　을 모아『육선생유고六先生遺稿』간행.

숙종 5년(1679). 대구 낙빈서원洛濱書院에 육선생 병향幷享.

숙종 7년(1681). 과천 민절사愍節祠에 육선생 병향.

숙종 11년(1685). 영월 창절사彰節祠에 위판을 봉안함.

숙종 17년(1691). 9월 관작이 회복됨.

숙종 18년(1692). 연산連山의 팔현서원八賢書院에 위판을 봉
　　　　　　　　안함.

숙종 22년(1696). 선산부 영봉리의 옛터에 부사府使 김만증金
　　　　　　　　萬增이 유허비遺墟碑를 세우고, 후손 하석중
　　　　　　　　河錫中이 비각을 세움.

숙종 23년(1697). 의성 학산서원鶴山書院에 위판을 봉안함.

숙종 24년(1698). 11월 노산군魯山君의 지위를 회복시키고, 묘

호를 단종端宗, 능호를 장릉莊陵으로 함.

숙종 31년(1705). 예조판서 민진후閔鎭厚의 청으로, 종자從子 하원河源으로 하여금 선생의 후계가 되도록 하는 교지를 내림.

영조 15년(1739). 왕명으로 선생의 선공先公과 아우들의 관작이 회복됨.

영조 34년(1758). 선생에게 이조판서를 추증追贈하고 충렬공忠烈公이란 시호를 내림.

영조 44년(1768). 선생의 후손 하용익河龍翼 등이 『육선생유고』에서 선생의 시문詩文과 부록을 떼어 내고 시문을 추가하여 『단계선생유고丹溪先生遺稿』를 간행함.

정조 원년(1777). 안동에 정려旌閭를 세움. 선산의 월암서원月巖書院을 비롯하여 노은서원盧恩書院, 낙빈서원洛濱書院과 민절사愍節祠, 창절사彰節祠, 충렬사忠烈祠 등의 사우에 배향됨.

정조 15년(1791). 왕이 친히 제문을 짓고 승지를 보내 노량진 육신묘에 사제祠祭함. 선생의 아들 하박河珀에게 사헌부지평司憲府持平을 증직함.

순조 4년(1804). 승지 홍의호洪義浩의 주청으로 선생에게 부조不祧의 교지를 내림.

순조 4년(1804). 안동의 창렬사彰烈祠에 위판을 봉안함.

순조 9년(1809). 창렬서원彰烈書院 창건.

참고문헌

『丹溪先生遺稿』, 木版本, 1768.
『死六臣文集』, 民族文化社, 1999.
『松窩雜說』.
『承政院日記』.
『旅軒先生文集』.
『一善志』.
『日省錄』.
『朝鮮王朝實錄』.
『秋江集』.

월암서원복원추진위원회 편, 『月巖書院誌』, 2011.
최완수, 『조선왕조 충의열전』, 돌베게, 1998.
한국인물사연구원, 『계유년의 역신들』, 타오름, 2011.

김경수, 「세조대 단종복위운동과 정치세력의 재편」, 『사학연구』 83집,
　　　2006.
_____, 「세조의 집권과 권력변동」, 『백산학보』 99집, 2014.
김돈, 「世祖代 ‘端宗復位運動’과 왕위승계 문제」, 『역사교육』 98집, 2006.
김영두, 「단종충신 追復 논의와 세조의 사육신 인식」, 『사학연구』 98집,
　　　2010.
박노준, 「사육신 시조의 절의」, 『세종학연구』.
윤영옥, 「丹溪 河緯地先生의 삶과 자취」, 『月巖書院誌』, 월암서원복원추
　　　진위원회 편, 2011.
윤정, 「숙종대 단종추복의 정치사적 의미」, 『한국사상사학』 22집, 2004.
정만조, 「肅宗朝의 死六臣 追崇과 書院祭享」, 『한국학논총』 33집, 2010.